普通国省道
典型危桥改造
设计与施工

杨文忠　著

哈尔滨出版社
HARBIN PUBLISHING HOUSE

图书在版编目（CIP）数据

普通国省道典型危桥改造设计与施工／杨文忠著.
哈尔滨：哈尔滨出版社，2025. 1. -- ISBN 978-7-5484-
7986-4

Ⅰ. U448. 14

中国国家版本馆 CIP 数据核字第 2024ZE3007 号

书　　名：**普通国省道典型危桥改造设计与施工**
PUTONG GUOSHENGDAO DIANXING WEIQIAO GAIZAO SHEJI YU SHIGONG

作　　者：杨文忠　著
责任编辑：李金秋

出版发行：哈尔滨出版社(Harbin Publishing House)
社　　址：哈尔滨市香坊区泰山路 82-9 号　邮编：150090
经　　销：全国新华书店
印　　刷：北京虎彩文化传播有限公司
网　　址：www. hrbcbs. com
E - mail：hrbcbs@ yeah. net
编辑版权热线：（0451）87900271　87900272
销售热线：（0451）87900202　87900203

开　　本：880mm×1230mm　1/32　印张：5　字数：126 千字
版　　次：2025 年 1 月第 1 版
印　　次：2025 年 1 月第 1 次印刷
书　　号：ISBN 978-7-5484-7986-4
定　　价：48.00 元

凡购本社图书发现印装错误,请与本社印制部联系调换。
服务热线：（0451）87900279

前　言

公路交通是我国的基础产业之一,在国民经济中占据了十分重要的地位,其发展在一定程度上影响着经济与社会的发展。我国公路交通事业在改革开放以后得到了极大的发展,尤其是公路桥梁建筑事业发展迅速。近年来,人们对公路桥梁的性能要求随着国民经济的发展不断提高。目前,大量公路桥梁已经落后于交通事业的发展,无法满足使用上的要求,公路建筑决策部门也正面临着改造、扩建低等级公路后,服役桥梁能否继续使用的问题。桥梁问题已经引起了世界各国的高度重视,改建陈旧、老化、承载能力不足的桥梁刻不容缓。

随着交通运输事业的飞速发展,交通运输量不断增加,重型车辆日益增多,车辆载重与行车密度也大幅度增长,为了满足安全通行的需求,必须要对一些承载能力不足的旧桥、危桥进行整改。然而,任何一座新建的桥梁都会经历大自然风雨的侵蚀,最终成为一座旧桥,因此直接推倒重建旧桥是不科学、不现实的。现阶段的工作重心应该是加强对桥梁的养护、维修与加固,改建旧桥,重建危桥。当前,世界各国都开始了如何养护、维修、加固桥梁的研究。

本书共分为七个章节,首先对桥梁工程所涉及的知识进行了梳理,包括桥梁的组成与分类等,并归纳总结了针对我国目前所存在的公路危桥的检测技术。危桥改造最核心的关键便是加固技术,加固技术是一项较为复杂的技术,并且桥梁也是由多个部分所组成的,在进行加固时,首先要明确加固方案设计以及加固原则,并分析所使用材料和技术,确保加固方案的顺利实施。除此之外,面对桥梁不同位置的损坏,需要用不同的方式来完成修补,这样才能够保证危桥的安全性。鉴于此,本书在内容的安排上以桥梁工程的基础知识为纲,并以具体实践解决桥梁工程问题为目的,旨在让使用者能够在掌握桥梁工程技术与加固改造基础知识的同时,还能更好地应对复杂的桥梁工程问题。

目　　录

第一章　桥梁工程概述

第一节　桥梁的组成与分类

一、桥梁的基本组成

桥梁一般由四个基本部分组成,即上部结构、下部结构、支座和附属设施。

图 1-1 所示为一座梁式桥的概貌,涉及一般桥梁工程的主要名词解释如下:

上部结构(桥跨结构):桥梁上部结构,或称为桥跨结构,是桥梁构造中支座之上跨越孔洞的部分。在线路出现中断时,上部结构承担着跨越障碍的主要承载功能。随着桥梁跨越范围的扩张,上部结构的设计变得越发复杂,其施工难度也会相应增加。

下部结构:包括桥墩、桥台和基础。

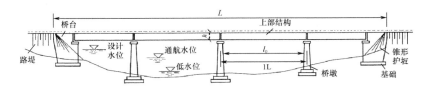

图 1-1　梁式桥概貌

桥墩和桥台：桥墩通常设置在桥梁的中间部分，桥台则设在桥的两端。桥墩与桥台共同支撑上部结构，可以将桥梁上部传来的恒载与车辆行驶产生的活载传递到基础的结构物。并不是所有桥都同时具备桥墩与桥台，单孔桥只有桥台，没有桥墩。

桥墩和桥台底部的奠基部分：该部分被称为基础，通常深埋在水下的地基中，因此在桥梁建设过程中，基础的建设是难度较大的一部分。基础需要承载从桥墩与桥台传递来的竖向荷载与由于船舶撞击桥墩、地质等产生的水平荷载，因此基础是保证桥梁安全的关键之一。

支座：设置在桥墩、桥台与上部结构的中间，用来传递来自上部结构的荷载。除了要传递的很大荷载以外，支座还要保证上部结构能够按照预先设计的要求产生相应的变位。

桥梁的附属设施包括桥面系、伸缩缝、桥梁与路堤衔接处的桥头搭板和锥形护坡等。

江河的水位也不是一成不变的。在洪峰时节，江河水位就会慢慢提高，当上涨至最高水位以后，这个水位就被叫作最高水位；在枯水季，河道的水位也会慢慢降低，而当下降至最低水位时，这个水位就被叫作最低水位。而设计洪水位则是指在桥梁设计过程中，根据设计泄洪频率而推算出的最高水位。而航运水位则是指在各个航路中的所有船只都能够顺利通航的最高水的水位。下面介绍一些与桥梁布置有关的主要尺寸和名词术语。

主桥：桥孔跨越主要障碍物（如河道主槽部分或深谷、人工设施主要部分）而设置的桥跨结构。

引桥：位于主桥两端，代替高路堤的桥梁跨段。引桥将主桥与路堤以合理的坡度连接起来。

净跨径：对于设支座的桥梁为相邻两墩、台身顶内缘之间的水平净距,不设支座的桥梁为上、下部结构相交处内缘间的水平净距,用 l_0 表示,如图1-2所示。

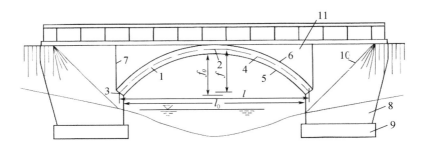

图1-2　拱桥概貌

1—拱圈,2—拱顶,3—拱脚,4—拱轴线,5—拱腹,6—拱背,

7—变形缝,8—桥台,9—基础,10—锥坡,11—拱上结构

计算跨径:对于设支座的桥梁,为相邻支座中心的水平距离,对于不设支座的桥梁(如拱桥、刚构桥等),为上、下部结构的相交面中心间的水平距离,用 l 表示,桥梁结构的力学计算是以 l 为准的。

总跨径:是多孔桥梁中各孔净跨径的总和($\sum l_0$),它反映了桥下宜泄洪水的能力。

桥梁全长:简称桥长,对于有桥台的桥梁为两岸桥台翼墙尾端间的距离,对于无桥台的桥梁为桥面系行车道长度,用 L 表示(图1-1)。

桥下净空:在桥梁设计时,会在上部结构底缘以下划定出一定的空间,以确保桥梁安全,同时满足桥下通行的需求,这一部分空间则被称为桥下净空。设计洪水位或通航水位到桥跨结构下缘的距离是桥下净空高度,这段距离既要保证洪水能够安全排放,还要确保符合河流通航的需求。桥下净空条件对提高跨线桥、立交桥等的各种穿越道路的通过性能非常重要。

桥梁建筑高度:如图1-1中的 h 所示,桥梁建筑高度的测量应当从桥梁上部结构的底缘开始,到桥梁桥面顶面结束,二者之间的垂直距离就是桥梁建筑的高度。桥梁建筑高度不仅受到桥梁的结构以及跨径大小的影响,还受到容许建筑高度的限制。容许建筑高度是指公路或铁路在定线过程中确定的桥面标准高度与桥下通航所需的通航净空顶部的标准高度之差。通常可以在桥面上设置斜拉桥、悬索桥等结构来更好地对桥梁建筑高度加以控制。

桥面净空:是桥梁行车道、人行道上方应保持的空间界限,公路、铁路和城市桥梁对桥面净空都有相应的规定。

净矢高:是从拱顶截面下缘至相邻两拱脚截面下缘最低点之连线的垂直距离,以 f_0 表示(图1-2)。

计算矢高:是从拱顶截面形心至相邻两拱脚截面形心之连线的垂直距离,以 f 表示(图1-2)。

矢跨比:是拱桥中拱圈(或拱肋)的计算矢高 f 与计算跨径 l 之比(f/l),也称拱矢度,它是反映拱桥受力特性的一个重要指标。

此外,我国《公路桥涵设计通用规范》JTGD60—2015,以下简称《公路桥规》中规定,对标准设计或新建桥涵跨径在50 m以下时,一般均应尽量采用标准跨径。对于梁式桥,它是指两相邻桥墩中线之间的距离,或墩中线至桥台台背前缘之间的距离;对于拱式桥,则是指净跨径。

二、桥梁的分类

(一)按结构类型分类

从受力特点上分析,桥梁受力构件的受力方式主要分为三种,分别是拉、压和弯。桥梁的基本构件相互组合可以形成多种多样的结构物,从力学角度上看,大致可以分为三种基础的体系,分别为梁式、拱式、悬吊式,同时这三种基本体系相互组合还可以形成刚架桥、斜拉桥等。随着科技的发展,现代桥梁的结构无论是内容还是形式都更加多元化,材料也更加坚固。下面对各种桥梁体系的主要特征进行阐述。

1. 梁式桥

梁式桥的受力构件的受力方式以受弯为主,主梁作为梁式桥的主要承重结构。如图1-3(a)所示,梁式桥的恒载和活载通过桥跨中的竖向分布荷载,对桥的各个截面产生压力,使桥梁产生竖向位移。同时,在竖向荷载作用下,桥梁的弯矩和剪力会发生变化,从而使桥跨中的竖向分布荷载产生水平反力,这种反力会使桥梁产生弯曲和剪切变形,对桥梁的结构完整性和使用寿命造成影响。梁式桥的受力方式以受弯为主,因此在材料的选择上应当重点考虑材料的抗弯、抗拉的能力。钢筋混凝土简支梁桥是一种结构简单、施工方便的桥梁结构,其对地基的承载能力要求较低,目前被广泛应用于公路中。简支梁跨径普遍较小,因此跨径需求大的桥通常不用简支梁。为了改善受力条件和使用性能,当地质条件较好时,中、小跨径梁桥均可修建连续梁桥,如图1-3(b)所示,对于很大跨径的大桥和特大桥,可采用预应力混凝土梁桥、钢桥和钢-混凝土组合梁桥,如图1-3(c)(d)所示。

2. 拱式桥

拱式桥的受力方式以受压为主,主要来源于轴向压力,其主要承重结构为拱圈(拱肋)。当给拱结构施加一个来自竖向荷载的力时,桥梁的墩台将会受到来自水平方向的推力,如图1-4(a)(b)所

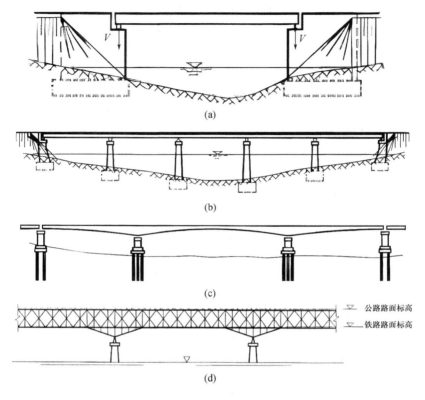

图1-3 梁式桥

示。与此同时,桥墩与桥台还会对拱圈(拱肋)施加一对水平反力,这对反力能够很好地消解掉拱圈(拱肋)内因荷载而产生的弯矩。根据拱式桥的受力特点可以确定,建造拱式桥的材料应当具备十分强的抗压能力,如圬工材料、钢筋混凝土等。

除了具备较强的跨越能力外,拱桥的外形犹如彩虹卧波,美观性较高。因此,在建设环境与建设要求允许的情况下,拱桥是经济效益最合理的选择。通常跨径小于 500 m 的均可以选择建设拱桥。

拱桥下部结构与地基需要承受巨大的水平推力,因此在设计与建造过程中,应当重点关注拱桥下部结构与地基的质量、性能,尤其是桥台。此外,与梁式桥相比,修建拱桥的难度与危险系数更高,这是由于在合龙之前,拱圈或拱肋自身无法维持平衡。

一般来说,修建具有很大推力的拱桥时,对地基条件有特定的要求,但当地基条件不能满足要求时,也可以修建系杆拱桥,如图1-4(d)所示。系杆拱桥的受拉系杆承受水平推力。另外,近年来还出现了一种三跨自锚式微小推力拱桥,如图1-4(e)所示,这种拱桥被称为"飞燕式"。

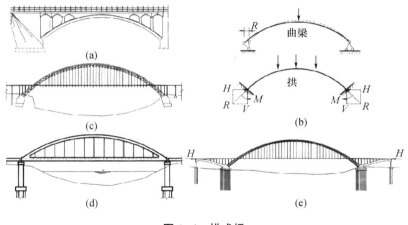

图1-4 拱式桥

依据行车道在主拱圈上的位置的不同,拱桥可以大致分为三种。如图1-4所示,行车道位置位于主拱圈上部的是上承式拱,行车道位置位于主拱圈中部的是中承式拱,行车道位置位于主拱圈下部的则是下承式拱。

3. 刚架桥

刚架桥的主要承重结构是梁(或板)与立柱(或竖墙)整体结合在一起的刚架结构,梁和柱的连接处具有很大的刚性,以承担负弯矩的作用。图1-5(a)所示的门式刚架桥在竖向荷载作用下,柱脚处具有水平反力,梁部主要受弯,其受力状态介于梁桥与拱桥之间,如图1-5(b)所示。刚架桥跨中的建筑高度就可做得较小。当遇到线路立体交叉或需要跨越通航江河时,采用这种桥型能尽量降低线路高程,以改善纵坡,并能减少路堤土方量。但普通钢筋混凝土修建的刚架桥在梁柱刚结处较易产生裂缝,需在该处多配钢筋。另外。门式刚架桥在温度变化时,内部易产生较大的附加内力,应引起重视。

如图1-5(c)所示,在过去修建跨径较大的混凝土桥梁时通常采用的桥型是T型刚构桥,这种桥型属于静定或低次超静定结构。T型刚构桥是一种由悬臂受力的梁式桥,但其T构长悬臂通常处于一种自由变形的状态,当有车辆行驶时,悬臂的各个方向都因产生较大的弯、扭应力而产生裂缝。此外,T型刚构桥由于混凝土徐变,其悬臂端会出现下挠,这种情况不仅会导致伸缩缝损坏,还会使行车感到不适。近年来,在建造桥梁时,已相对较少采用T型刚构桥。

如图1-5(d)所示,连续刚构桥是一种桥墩与桥梁固定结合的连续性梁桥,其施工难度小,养护简便,造价较低,但这种桥型受温度变化的影响较大。当温度发生较明显的变化时,连续刚构桥的桥梁结构内便会形成一个较大的附加内力,为了减小这种附加内力,在设计连续刚构桥时会尽可能降低墩柱顶端的水平抗推刚度。当修建很长的桥时,往往会采用图1-5(e)所示的刚构-连续组合体系桥型,即在桥两侧的一个或多个边跨上设置滑动支座,进而减小因

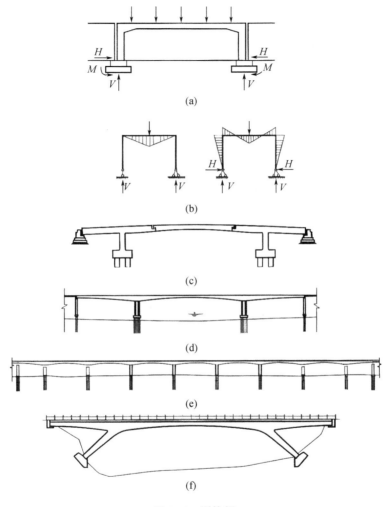

图 1-5　刚构桥

温度变化而产生的附加内力。

　　如图 1-5(f) 所示的斜腿刚构桥适合修建在陡峭的河岸和深谷,既符合经济性又兼具美观性。一般来说,斜腿刚构桥的跨越能力要优于门式刚构桥,这是由于斜腿刚构桥在设计中会选择在岸坡上放置斜腿墩柱,从而形成较大的斜角,同时其中跨梁内也会形成较大的轴压力。但就施工难度来说,斜腿刚构桥要难于直腿刚构桥。正负弯矩往往会交替作用在刚构桥上,因此刚构桥的横截面在设计时采用箱型截面更合适,连续刚构桥的主梁与连续梁的受力十分相近,二者的截面形式与尺寸也基本相同。

4. 悬索桥

悬索桥(也称吊桥)是用悬挂在两边塔架上的强大缆索作为主要承重结构,如图 1-6 所示。在桥面系竖向荷载作用下,通过吊杆使缆索承受很大的拉力,缆索锚于悬索桥两端的锚碇结构中,为了承受巨大的缆索拉力,锚碇结构需做得很大(重力式锚碇),或者依靠天然完整的岩体来承受水平拉力(隧道式锚碇),悬索桥也是具有水平反力(拉力)的结构。现代悬索桥广泛采用高强度的钢丝成股编制成钢缆,以充分发挥其优良的抗拉性能,悬索桥的承载系统包括缆索、塔柱和锚碇三部分,因此结构自重较轻,能够跨越其他桥型无法达到的特大跨度(经济跨径在 500 m 以上)。悬索桥的另一特点是受力简单明了,成卷的钢缆易于运输,在将缆索架设完成后便形成了一个强大稳定的结构支承系统,施工过程中的风险相对较小。在我国西南山岭地区和遭受山洪泥石冲击等威胁的山区河流上,以及对于大跨径桥梁,在修建其他桥梁有困难的情况下,往往采用悬索桥。

随着时代的发展,人们对桥梁的美观度也提出了新要求,"自锚式"悬索桥就是在这种情况下产生的。"自锚式"悬索桥是一种在主梁两侧固定主缆锚的桥型,适用于不宜修建锚碇的情况。但这种桥梁的结构设计与施工工艺都较为复杂,不适用于修建跨径较大的

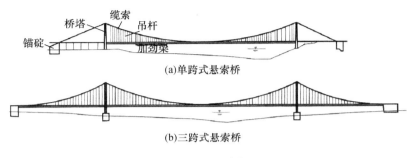

(a)单跨式悬索桥

(b)三跨式悬索桥

图1-6　悬索桥

桥,因而其经济合理性较低。此外,"自锚式"悬索桥的加劲梁会受到极大的轴向作用力,为了保证桥梁的稳定性,需要耗费大量的钢材。

悬索桥属于一种柔性结构,因此悬索桥在车辆荷载的作用下会产生较大的变形。此外,在设计和建造悬索桥时,尤其要重点关注其稳定性以及风致振动。

5. 斜拉桥

如图1-7所示,斜拉桥的主要结构包括桥柱、主梁以及斜拉索,属于高次超静定结构。

斜拉索的初张力的大小关系着斜拉桥主梁所承受的弯矩大小,当主梁在各个状态下的弯矩均达到最小时,此时的索力分布为最优分布。斜拉桥的基本受力特征可以概括为:主梁在受拉的斜索的作用下被吊起,同时斜索将主梁所承受的恒载与活载传递到塔柱,塔柱基础再将接受到的恒载与活载传递至地基。

斜拉桥的跨越能力大于梁桥和拱桥,仅次于悬索桥。在技术可达的跨径范围内,一般来说,斜拉桥的经济性能优于悬索桥。此外,与悬索桥相比,斜拉桥的结构刚度大,即在荷载作用下的结构变形

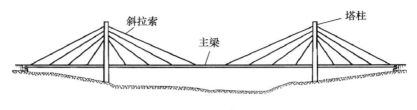

图 1-7　斜拉桥

小得多,且其抵抗风振的能力也比悬索桥好,这也是在斜拉桥可能达到的大跨度情况下使悬索桥逊色的重要因素。

　　斜拉桥的斜索组成和布置、塔柱形式以及主梁的截面形状是多种多样的。我国常用平行高强钢丝束、平行钢绞线束等制作斜索,并用热挤法在钢丝束上包一层高密度的黑色聚乙烯外套进行防护,还可用彩色高密度聚乙烯制成彩色索。除防锈外,斜拉索的疲劳和PE套的老化也是两个需认真对待的问题。

　　常用的斜拉桥是三跨双塔式结构,但独塔双跨形式也常见(图1-8),具体形式及布置的选择应根据河流、地形、通航、美观等要求加以论证确定。

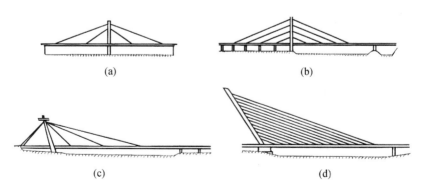

图 1-8　独立式斜拉桥

在桥横向,斜拉索一般按双索面布置,也有采用中央布置的单索面结构。

近半个世纪以来,斜拉桥在世界各地都备受瞩目。从技术和经济的角度来看,斜拉桥具备十分优越的竞争力。但随着跨度的增加,斜拉桥在设计与施工过程中也会面临一系列的技术难点。当塔柱过高时,就要充分考虑高耸塔柱的抗风、抗震的能力;当斜索过长时,则需要考虑斜索因自重过高而垂度增加的问题。需要注意的是,斜索对于斜拉桥来说至关重要,纵观国内外的斜拉桥施工实例,仅通车几年就因斜索腐蚀而全部换索的情况已经出现了多次。因此,如何延长斜索的使用寿命已成了当今桥梁界重点关注的课题。

6. 组合体系桥梁

除了上文介绍的最基础的 5 种桥梁体系外,根据桥梁结构受力特点的不同,还存在由多种不同体系结构组合形成的组合体系桥。如图 1-9(a)所示,梁和拱的组合体系的主要承重结构为梁和拱,二者相互配合共同受力。梁在吊杆的作用下被向上吊起,大大降低了梁中的弯矩;同时,拱的水平推力通过与梁的连接而传递给梁,梁在受弯的同时也受到了拉力。这种组合体系桥对桥墩与桥台没有推力作用,因此,其对地基的要求与一般简支梁桥相同,但能够跨越的跨度大于一般简支桥梁。除了上述的组合方式以外,还存在一种拱在梁的下方、借助立柱辅助支撑梁的组合体系桥,如图 1-9(b)所示。

(二)桥梁的其他分类简述

除了上述按受力特点分成不同的结构体系外,人们还习惯地按桥梁的用途、大小规模和建桥材料等其他方面将桥梁进行分类:

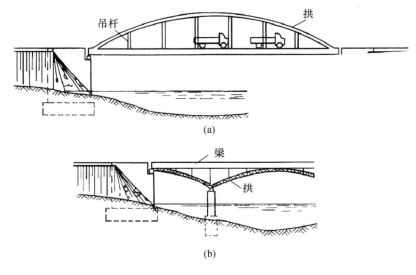

图 1-9 拱梁组合体系

1. 按用途来划分,有公路桥、铁路桥、公铁两用桥、农桥(或机耕道桥)、人行桥、水运桥、管线桥等。

公路桥与城市桥均以通行汽车为主,与专供铁路列车行驶的铁路桥相比,活载相对较轻,桥的宽度相对较大。公铁两用桥指同时承受公路和铁路荷载的桥梁,一般规模较大、可做成双层桥面桥,也可做成同一平面的桥。人行桥指专供行人通过的桥梁,活载较小,桥面较窄,结构造型较灵活,对美学要求较高,因此常采用一些造型独特、新颖的结构。

2. 按桥梁全长和跨径的不同,分为特大桥、大桥、中桥、小桥和涵洞。《公路桥规》规定的划分标准如表 1-1 所示。

表 1-1　桥梁涵洞分类

桥涵分类	多孔跨径总长 L(m)	单孔跨径 L_K(m)	桥涵分类	多孔跨径总长 L(m)	单孔跨径 L_K(m)
特大桥	$L>1\ 000$	$L_K>150$	小桥	$8 \leqslant L \leqslant 30$	$5 \leqslant L_K < 20$
大桥	$100 \leqslant L \leqslant 1\ 000$	$40 \leqslant L_K \leqslant 150$	涵洞	—	$L_K < 5$
中桥	$30 < L < 100$	$20 \leqslant L_K < 40$			

注:1.单孔跨径系指标准跨径。

2.梁式桥、板式桥的多孔跨径总长为多孔标准跨径的总长;拱式桥为两岸桥台内起拱线间的距离;其他形式桥梁为桥面系行车道长度。

3.按照主要承重结构所用的材料划分,有圬工桥(包括砖、石、混凝土桥)、钢筋混凝土桥、预应力混凝土桥、钢桥、钢-混凝土组合桥和木桥等。木材易腐,且资源有限,一般不用于永久性桥梁。

在我国,混凝土桥是目前应用最为广泛的桥梁,从环保和低碳方面考虑,国内外尝试应用超高性能混凝土建造桥梁工程。超高性能混凝土一般需掺入钢纤维,也被称作超高性能纤维增强混凝土,其以超高强度、高韧性和超长耐久性为特征,是水泥基复合材料实现跨越式进步的新型结构和功能性材料。

组合桥是指主要受力构件的截面上由两种或两种以上材料组成的桥梁,最常见的是钢-混凝土组合桥,它能发挥钢与混凝土的各自优势,取得整体结构的合理性和经济性,组合材料应用是桥梁工程发展的一个重要方向。

除钢与混凝土组合外,长期在航空航天和国防领域应用的高级组合材料也开始被应用于桥梁之中。这些材料包括加劲塑料、纤维增强塑料、碳纤维加劲塑料和玻璃纤维加劲塑料。目前这些材料还主要用于旧桥的维修加固中,还未大量地作为主要材料用于新建桥梁中。

4.按跨越障碍的性质,可分为跨河桥、跨海桥、跨线桥、立交桥、高架桥和栈桥。

5.按桥跨结构的平面布置,可分为正交桥、斜交桥和弯桥。

6.按上部结构的行车道位置,可分为上承式桥、中承式桥和下承式桥。

7.按照桥梁的可移动性,有固定桥和活动桥。活动桥包括开启桥、升降桥、旋转桥和浮桥等。

第二节　桥面的布置与构造

一、桥面的一般构造

桥面构造通常包括桥面铺装、防水与排水系统、桥面伸缩缝、人行道(或安全带)、缘石、栏杆(或护栏)及照明灯柱等,图1-10所示为桥面的一般构造。

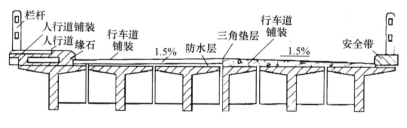

图1-10　桥面的一般构造

桥面构造多属外露部位,直接与外界(包括车辆、行人、大气等)接触,对桥梁的主要结构起保护作用,使桥梁能够正常发挥功能,也对行车安全和桥梁的美观起着重要的作用。对于现代化高速交通体系中的桥梁,桥面构造更显示出不可忽视的重要性。

桥面构造本身对环境的影响十分敏感,属于桥梁工程的薄弱环节。但由于桥面构造工程量小,项目繁杂,以及其附属性的地位,往往在设计和施工中得不到应有的重视,从而有可能导致运营过程中产生弊病,影响桥梁的正常使用,增加维修养护的费用,甚至被迫中断交通。因此,必须全面了解桥面构造各部件的工作性能,合理选择,认真设计,精心施工。

二、桥面铺装

(一)桥面铺装的作用及要求

桥梁路面又可以称之为行车道铺装,或者叫作桥梁保护层,是直接由汽车轮胎在路面上形成的。桥面铺装的主要作用就是为了避免车辆轮胎或者履带直接对桥梁路面造成影响,同时,还有防止雨水侵蚀主梁的作用。所以,在铺装时,一定要具备抗车辙、抗碰撞、防疲劳等特征。除此之外,因为铺装层自重在桥梁重力中所占的比重很大,尤其是对中小跨度的桥梁来说,所以在进行设计的时候,应该尽量减少铺装层自重。在考虑铺装对桥面受力影响的情况下,还要保证铺装与桥面板黏接成为一个完整的整体。

(二)桥面横坡的设置

一般情况下,除了在桥面上布置纵坡,还需要在桥面上设置横坡,使积水迅速流出桥面,减少雨水的渗入,从而更好地保护桥面,延长使用寿命。

桥梁横坡一般为双向方向(在分上、下两个独立桥梁的情况下,可设单向斜坡),其斜坡可以根据路面横坡的大小,也可以在其基础上再加上0.5%,一般为1.5%~3%。对于沥青混凝土或水泥混凝土路面的铺装,行车道路面一般都是以抛物线型横坡为主,而人行道则是以直线型横坡为主。

1.对于板桥或就地浇筑的肋梁桥,为了节省铺装材料并减小结构重力,可以将墩台顶部做成倾斜的。横坡直接设置在墩台顶部,而使桥梁上部构造形成双向倾斜。此时,铺装层在整个桥宽上就可以做成等厚度的形式,图1-11(a)。

2.对于装配式肋梁桥,为了使主梁构造简单、架设与拼装方便,通常采用不等厚度的铺装层以构成桥面横坡。具体做法为,首先铺设一层厚度变化的混凝土三角垫层形成双向倾斜,再铺设等厚度的桥面铺装层,图1-11(b)。

3.对比较宽的桥梁(或城市桥梁)用三角垫层设置横坡,将使混凝土用量与结构重力增加过多。此时,可直接将行车道板做成倾斜面而形成横坡,图1-11(c)。但这样会使主梁的构造稍趋复杂,给制作带来一定的麻烦。

(三)桥面铺装的类型

桥面铺装层的构造形式要与其所处的公路路面结构相配合。除了特大型桥梁之外,桥面铺装必须与路面结构相协调,常用的铺装方式有碎石、沥青、水泥等。其中,碎石路面与沥青路面耐久性差,只能被用于中、低等级公路桥梁的铺装。尤其是在高级公路和一级公路上的特大桥、大桥的桥面铺装中,应选择沥青混凝土作为铺装材料。

水泥混凝土铺装的路面具有很好的耐磨性,适用于重型、大型

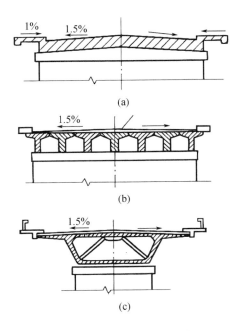

(a)

(b)

(c)

图 1-11　桥面横坡的设置

的车辆,但是,这种路面维护时间较长,后期维修比较困难。铺装材料的混凝土强度等级不得低于 C40,铺装材料(除平整层及垫层外)厚度不得小于 80 mm。在铺设时,必须要压实,避免二次成形。为了确保路面的强度和完整性,必须在铺装层上铺设一条直径大于 8 mm,间距小于 100 mm 的双向钢筋网,在钢筋网顺桥方向和横桥方向上,每延米长度截面面积不小于 500 mm。为防止裂缝在水泥混凝土路面上出现,必须在每条车道上设置一道伸缩缝,在路面上每隔 3~5 m 设置一道伸缩缝。水泥混凝土桥面铺装尚应符合《公路水泥混凝土路面设计规范》(JTGD40—2011)的有关规定。

　　沥青混凝土桥面铺装应由黏结层、防水层及沥青表面层组成(图 1-12)。高速公路和一、二级公路上桥梁的沥青混凝土铺装层厚度为 70~80 mm,必要时可增至 100 mm;三级及三级以下公路桥梁铺装层为 50~80 mm。沥青铺装应按照《公路沥青路面设计规范》(JTGD50—2017)的有关规定办理。沥青混凝土铺装的自重较小,维修养护方便,铺筑后几小时就能通车运营,行车舒适,但容易老化和变形,受温度影响较大。

桥面铺装应与桥梁的上部结构综合考虑、协调设计。桥梁设计时,一般不考虑桥面铺装参与主梁受力,但桥面铺装采用水泥混凝土时,如在施工中能确保铺装层与行车道板紧密结合成整体,则铺装层的混凝土(除去作为车轮磨耗的部分,可取 10~20 mm 厚)也可以计算在行车道的厚度内,与行车道板共同受力,以充分发挥这部分材料的作用。

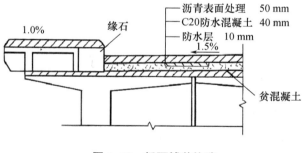

图 1-12　桥面铺装构造

三、桥面防水与排水设施

为防止雨水滞积于桥面并渗入梁体而影响桥梁结构的耐久性,同时保障桥面行车通畅、安全,桥面铺装应设置完善的桥面防水和排水系统。

（一）防水层

沥青混凝土和水泥混凝土都是不能完全防水的,桥面的防水主要通过设置防水层来完成。防水层是防止桥面雨水向主梁渗透的隔水层,它的作用是将透过铺装层渗下的雨水汇集于排水系统(泄水管)排出。桥面的防水层一般设置在桥面铺装层的下面,必须保证层间结合得密实牢固。防水层应采用便于施工、坚固耐久、质量稳定的防水材料。设置形式和方法应根据当地的气候条件、雨量情况及桥梁的具体结构形式等确定。当前,桥面铺装中常用的防水层有以下三种类型:

1. 沥青涂胶下封层和沥青砂胶防水层

前者首先撒一薄层沥青或改性沥青,其上再撒布一层砂子,然后经反复碾压形成。后者的沥青厚度为 4～20 mm,铺成一层或二层后,在上面撒砂,以增加与面层的黏附性能。沥青砂胶的填料含量一般为 30%～50%,黏结料含量为 13%～18%。

2. 高分子聚合物涂料,如聚氨酯胶泥、环氧树脂、阳离子乳化沥青、氯丁胶乳等

高分子聚合物涂料不但具有优异的弹塑性、耐热性和黏结性,而且具有与石油沥青制品良好的亲和性,能适应沥青混凝土在高温条件下施工。高分子聚合物涂料施工简单方便,安全无污染,近年来得到广泛的使用,已成为各类大中型桥梁桥面防水施工的专用涂料。

3. 沥青或改性沥青防水卷材及浸渍沥青的无纺土工布等

沥青防水卷材用作防水层,造价高,施工麻烦费时。由于削弱了行车道板和铺装层之间的连接,如果施工处理不当,将使桥面铺装层似有一弹性垫层,在车轮荷载作用下,铺装层容易起壳开裂。此时,为了增强桥面铺装的抗裂性,可在防水层之上的混凝土铺装层或垫层内铺设直径 3~6 mm 的钢筋网,网格尺寸为 150 mm×150 mm~200 mm×200 mm。

近年来,随着桥面铺装材料应用技术的进步,桥面防水形式逐渐多样化。根据建桥地区不同,可以直接采用 C50 以上防水纤维混凝土或 4~8 mm 改性沥青混凝土进行桥面铺装、8 cm 沥青混凝土+10 cm 钢筋网混凝土组合桥面铺装等。

(二)排水系统

桥面的排水系统是由桥面的纵坡和横坡、并布置一定数目的排水管等组成的。排水管道的布置以设计水量为准,排出管道的最大间距以 20 m 为宜。一般情况下,当桥面的纵坡超过 2%时,桥梁的全长没有超过 50 m 时,雨水就会流向两边的桥头,然后再从引道中排出。一般情况下,桥上就不需要设置特殊的排水管道,这个时候,可以在桥梁两端设置排水沟,避免雨水对桥梁路基的冲刷。对于纵坡在 2%以上,桥梁长度在 50 m 以上的情况下,为了避免雨水在桥梁上的积聚,应按 12~15 m 的间隔布置排水管。在桥梁纵坡不超过 2%的情况下,排水管的间距为 6~8 m。在高等级公路、二级公路中,排水管道的排水量一般在 4~5 m 之间。另外,在桥面上的伸缩缝上,在桥面上的弯道上,在弯道下端和弯道下端的 3~5 m 内,分别布置一根排水管。

排水管可以沿着行车道的两侧对称排列,同时,也可以交叉排列。其具体的排列方式有下述三种:

1. 竖向泄水管

竖向排水管道的应用范围非常广,可以被应用在肋板式梁桥、箱形梁桥、肋拱桥以及轻拱桥等轻型拱桥上。泄水管的位置通常是在与缘石相距 100~500 mm(图 1-13)的行车道边缘处。竖向泄水管道从桥面上的预留孔延伸至桥面下,使桥面上的雨水进入泄水管道后,直接排出。为了避免排水管道出现堵塞的情况,通常会在排水管道的入口处安装栅栏盖。还可以在人行道下方设置泄水管,见图 1-14,桥面上的水从缘石或人行道构件侧面的进水口流入排水口。为避免桥面板被雨水淋湿,排水管道的下端应在桥面板底部约 150~200 mm 处。

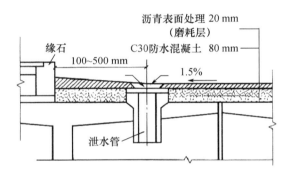

图 1-13　泄水管布置于行车道边缘的图式

2. 横向泄水管

对于不设人行道的小跨径板桥或实腹式拱桥,可以在行车道两侧的安全带或护栏下方预留横向孔道,将桥面积水沿横向直接排出桥外。泄水管口要伸出桥外 20~30 mm,以便于滴水。这种做法构造简单、安装方便,但因孔道坡度较缓,往往易于阻塞(图 1-15)。

3. 封闭式泄水管

对于横跨公路、铁路、河流的桥梁或者城市桥梁来说,为了能够更好地保证桥下的行车和行人的安全以及公共健康的需求,应该与

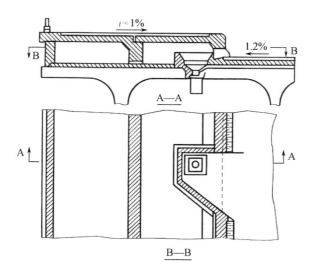

图 1-14 泄水管布置于人行道下的图式

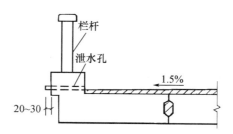

图 1-15 横向泄水管构造

房屋建筑一样,建立一套封闭式的排水系统,将流入排水系统的雨水全部汇集到纵向泄水管中,然后,通过墩台处的竖向泄水管,引入河流或者地面排水系统中,如(图 1-16)。当桥长度不大时,可将纵向排水管道的出口设置在桥的两端,并将其设置在桥台上;长桥除在桥台上设出水口,在部分桥墩上也设出水口,并通过竖向管把水流引至地表。为保证桥面外观的美观,可将纵向排水管道设置在箱梁内,或设置在梁肋内。如果可能的话,竖向排水沟应该设置在桥墩侧壁上的预留槽内,或设置在桥墩内的预留洞内。

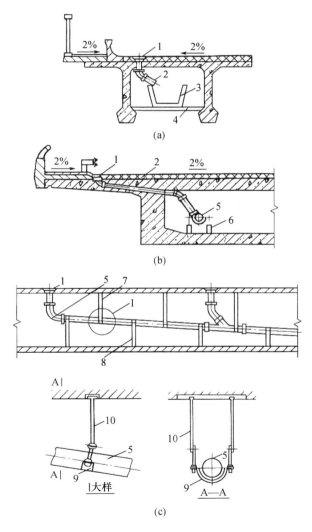

图 1-16　城市桥梁桥面排水设施

泄水管材料一般采用铸铁、钢材、钢筋混凝土及塑料(聚氯乙烯PVC或聚乙烯PE)等。由于钢筋混凝土泄水管道制作麻烦,目前已很少采用。塑料管则以其优越的性能在工程中得到越来越广泛的使用。

泄水管的过水面积可按每平方米桥面上不少于 200~300 mm设置。泄水管可采用圆形或矩形,圆形泄水管的内径一般为 100~150 mm(高速公路和一级公路采用 150 mm);矩形泄水管口的宽度宜为 200~300 mm,长度为 300~400 mm。泄水管口顶部采用金属格栅盖板,其顶面应比周围路面低 50~100 mm。

四、桥梁伸缩缝与无缝桥梁

(一)伸缩缝的作用与要求

为了确保在温度变化、混凝土收缩、徐变以及荷载共同作用下,桥梁结构能按照静力图示自由变形,同时确保车辆通行顺畅,需要在两个相邻梁端以及梁端与桥台后壁之间,分别设置一条伸缩缝,并在其上安装一条可伸缩的装置。尤其要注意的是,靠近桥梁的扶手、走道等结构物,也要切掉,这样才能保证梁的自由变形。

桥梁伸缩构件直接暴露于空气中,承受着车辆、人群等荷载的反复作用,微小的缺陷都可能导致"跳车"等不良现象,对其承载力产生巨大影响,严重时将危及桥梁自身及行人的人身安全,是桥梁最容易受损且维修困难的部分。因此,在工程设计和施工中都要注意这一问题。

在设计和施工桥梁伸缩缝时,应重点考虑以下要求:

1. 为了更好地使桥梁自由伸缩和变形,确保有足够的伸缩量。

2. 伸缩装置需要承担不同类型的车辆荷载,因此,其结构一定牢固,与桥梁结构形成一个整体,防止碰撞,使用寿命长。

3. 构造简单,方便施工和安装。

4. 车辆行驶时应平顺、无突跳和噪声,保证车辆平稳通过。

5. 具有良好的密水性和排水性,防止雨水渗入和及时排出,能有效防止污物渗入阻塞。对于敞露式的伸缩缝要便于检查和清除缝下沟槽的污物。

6. 养护、修理与更换方便。伸缩装置大修的周期应至少与面层的大修周期相同。

7. 经济、价廉。

伸缩缝的变形量计算比较复杂,除了考虑温度变化、混凝土收缩与徐变引起的主要变位外,还要考虑荷载、墩台位移、地震、纵坡、斜交和曲线桥等因素引起的变位,同时应计入梁的制造和安装误差。具体计算时,可主要考虑以安装伸缩缝时的温度为基准,将温度变化引起的伸长量和缩短量,以及混凝土徐变和干燥收缩引起的收缩量作为基本的伸缩量。对于其他因素(如安装偏差等)引起的变形量,一般可作为安全富余量来考虑,通常可按计算变形量的30%估算。

(二)伸缩缝的类型

我国公路和城市桥梁中使用的伸缩装置种类较多,工程中可依据对变形量大小的要求加以选择。当前,常用的伸缩装置有无缝式(暗缝式)伸缩缝、U形锌铁皮式伸缩缝、钢板式伸缩缝及模数式伸缩缝等。

1. 无缝式(暗缝式)伸缩缝

无缝式伸缩缝是在伸缩间隙中填入弹性材料,该处的桥面铺装也采用弹性较好的材料,并且使之与其他桥面铺装形成一个整体。实质上是通过接缝处弹性材料的变形实现伸缩的一种构造。简支梁桥中经常采用的桥面连续构造属于暗缝式伸缩缝。

TST 碎石弹性伸缩缝是近年来开发应用的一种无缝式桥梁伸缩缝,它适用于伸缩量不超过 50 mm 的中、小跨径桥梁,其构造形式如图 1-17 所示。在现场将特制的弹塑性复合材料 TST 加热熔融后,灌入经过清洗加热的碎石中,即形成了 TST 碎石弹性伸缩缝。碎石用以支承车辆荷载,TST 弹塑性体在 -25 ~ +60 ℃条件下能够满足伸缩量的要求。

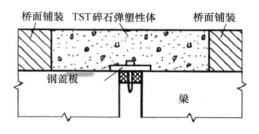

图 1-17　TST 碎石弹性伸缩缝

TST 碎石的弹性伸缩缝构造简单,施工速度快,维护、更换都相对容易,一般在完工后 2-3 小时内就可以通车。TST 碎石弹性伸缩缝使得桥面铺装成为一个连续的整体,在行驶过程中不会有碰撞和振动,舒适度更好,同时自身的防水性能也更好。由于 TST 砂砾石料具有向任意方向变形的特性,可在弯桥、坡桥、斜桥上实现纵向、横向、竖向三向伸缩及变形,亦可应用于人行道上。因此,在实际工程中,TST 砂砾石料弹性体扩径接头是一种很有前途的结构形式。但是,这类结构是在铺筑完毕后,采用刀具对铺筑路面进行切削,然后将嵌缝材料灌注到其槽中形成的,因此,它只能用于小面积的连接处,应用范围受到了一定的限制。

2. U 形锌铁皮式伸缩缝

其结构简单,是一种具有良好伸缩性的装置。主要采用的材料为 U 形锌铁皮,锌铁皮分为上层与下层,在上层的弯曲部分,开凿出梅花眼,然后,在其上方安置石棉纤维过滤器,再用沥青胶填充(图1-18),从而使锌铁皮不会因为桥面伸缩而发生形变。下面的镀锌板用于将渗入桥梁面板的雨水从侧面排出。该种伸缩缝结构简单、施工简便、成本低廉,采取适当措施后,还能与桥梁面板保持良好的连续性,但是,该种伸缩缝的使用寿命很短,使用效果并不理想。

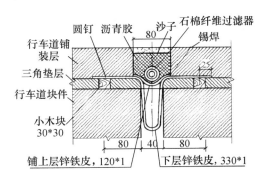

图 1-18　U 形锌铁皮式伸缩缝

3. 钢板式伸缩缝

钢板式伸缩缝是用钢材作为跨缝材料,能直接承受车轮荷载的一种构造。过去,这种伸缩装置多用于钢桥,现也用于混凝土桥梁。钢板式伸缩缝的种类繁多,构造较复杂,能够适应较大范围的梁端变形。

(1)搭板式钢板伸缩缝

图 1-19 所示为最简单的搭板式钢板伸缩缝,它是用一块厚度

约为 10 mm 的钢板搭在断缝上,钢板的一侧焊接在锚固于铺装层混凝土内的角钢 1 上,另一侧可沿着对面的角钢 2 自由滑动。这种伸缩缝能适应的变形量为 40 mm 以上。但由于其一侧固死,车辆驶过时,往往由于拍击作用而使结构破坏,大大影响了伸缩缝的使用寿命。为此,可借助螺杆弹簧装置来固定滑动钢板,以消除不利的拍击作用,并减小车辆荷载的冲击影响。

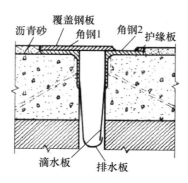

图 1-19 搭板式钢板伸缩缝

(2)梳齿式钢板伸缩缝

梳齿式钢板伸缩缝节距大(约 400 mm),既适用于直桥,又适用于大倾角斜桥,在大型、中型桥梁中被广泛应用。根据支撑方式的不同,可将其划分为悬臂型和支撑型。图 1-20 是一种悬臂结构,其中面层板为一齿状,在该结构中,左右伸出桥板之间的空隙互相接合;支撑型是指从梳齿的两侧向外延伸,而支撑在梳齿的前端。因为支撑型的耐久性不佳,所以通常使用悬臂型。梳齿式钢板伸缩缝具有成本高、制作和加工难度大、防水性能差、清洗难度大等缺点。

4. 模数式伸缩缝

模数式伸缩缝是利用吸震缓冲性能良好的橡胶材料与强度高、

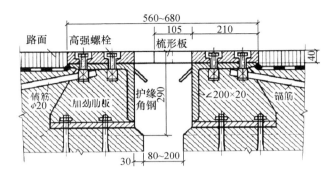

图1-20　梳齿式钢板伸缩缝(悬臂式)

刚性好的型钢组合而成的伸缩装置,故又称为组合式伸缩缝。模数式伸缩缝有多种形式,构造也较复杂,但它保留了钢板式伸缩缝的优点,既可以满足大位移量的要求,承受车辆荷载,又具有防水和行车平顺的特点。在特大桥和大桥中宜采用这类伸缩装置。

模数式伸缩缝在构造上的共同点在于均是由V形截面或其他截面形状的橡胶密封条(带)嵌接于异形边钢梁和中钢梁内组成可伸缩的密封体。异形钢梁直接承受车辆荷载,其高度应根据计算来确定,但不应小于70 mm,并应具有强力的锚固系统。根据需要的伸缩量,可随意增加中钢梁和密封橡胶条(带)的数量,加工组装成各种伸缩量的系列产品。

(三)桥面连续构造

桥梁的实际运营经验表明,桥面伸缩缝在使用中极易被破坏,为改善行车舒适度、降低维修工作量、延长其使用寿命,需将伸缩缝减至最小。目前,主要方式则是采用桥面连续,多孔梁桥在竖向荷载下仍为简支体系,但是在纵向水平力的作用下,具有一定的连续功能的结构。尤其是在高速公路、一级公路中的多孔简支梁桥应当采用桥面连续结构的方式。视桥梁跨径的大小,一般可采用 3～7 跨一联。

桥面连续构造的做法较多,图 1-21 所示为《公路桥梁通用图(T 梁系列)》(2008 年)采用的一种桥面连续构造形式。

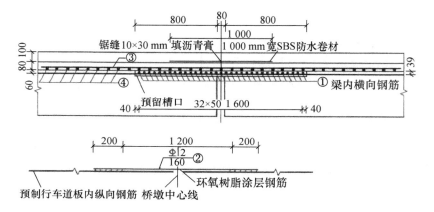

图 1-21 桥面连续构造

但是,实际经验表明,采用桥面连续构造,连续部分的桥面易于开裂。为改善桥梁结构的受力状态,也可采用简支-连续构造,使多跨简支梁在一期永久作用下处于简支体系受力。然后将相邻两个梁端作完全固结处理,在二期永久和可变作用下就处于连续体系受力,从而避免了简易桥面连续易开裂的缺点,并使结构更呈现出连续梁桥的特性,适合于地基良好的场合。

第二章 桥梁加固改造基础

第一节 桥梁加固修补常用材料

一、水泥

(一)修补用高强混凝土及砂浆

当配制高强度混凝土或砂浆的过程中,应根据损坏的原因,选择适宜的水泥类型,同时,应选用较高级别的水泥。粗骨料与细骨料都应符合质量要求,同时,可以考虑采用一些必要的添加剂,比如有效的降水剂、引气剂、提前强化剂、提前强化降水剂、快速凝固剂、防冻剂等。依据修复需求其配比也需要通过实验来确定。

修补施工时,一般应先对原结构表面进行凿毛或喷砂处理,并冲刷干净;再涂刷水泥净浆或砂浆,有条件时,最好先涂刷一层混凝土界面剂,以增强层间黏结性;然后再填补高强度砂浆或混凝土;再经振捣、压实后及时养护;最后在初凝前进行抹光处理。应当指出,采用预缩砂浆,即在拌和后堆放 30～90 min 才使用的干硬性砂浆,常可获得强度较高、平整度好、收缩性小的效果,且成本低廉,施工简便。

(二)硅粉混凝土及砂浆

硅粉是一种高活性掺合料,它是冶炼工业硅、硅铁或其他铁合金过程中产生的废气,经冷凝搜集而得到的副产品(冷凝硅粉)。

硅粉的主要成分为无定形的二氧化硅,颗粒极细,比表面积约为 20 m/g,呈浅灰色至深灰色。

在混凝土或砂浆中掺入的硅粉量低于水泥用量的 25%,还必须加入适量的高效减水剂。这样可以克服掺入硅粉后水泥需水量增加的缺点,并使硅粉的作用得到充分发挥。

硅粉在混凝土或砂浆中的主要作用是改善混凝土或砂浆的和易性,提高其强度及耐久性,改善水泥石的孔结构及水泥石与骨料的界面结构等。

硅粉混凝土或砂浆具有良好的和易性、显著的增强效果和良好的耐久性等特性。但早期的收缩率较大,所以必须进行良好的养护,在薄层修补时,尤其要注意做好养护工作,避免表层干裂。

(三)铸石混凝土及砂浆

以铸石为骨料制作的铸石混凝土或砂浆,具有良好的抗冲耐磨性能,常可作为因冲刷磨损而引起病害的混凝土建筑物的修补材料。

铸石是利用一些天然岩石(如辉绿岩、玄武岩)或工业废渣(如化铁炉渣),经配料、熔化、成型、结晶和退火等工艺过程而制成的均匀晶体石料。将铸石破碎成碎石及人工砂,作为混凝土的粗、细骨料,配制成铸石混凝土或砂浆,具有强度较高、硬度大、吸水率低、耐磨性好等特点。铸石混凝土或砂浆在一些大型工程中作为抗冲磨修补材料使用,效果良好,但造价较高。

(四)钢纤维混凝土

钢纤维混凝土是在混凝土中均匀散布直径 0.3~0.6 mm,长度 20~60 mm 的短钢纤维的一种新型混凝土。钢纤维用量按容积百分比计,一般为 1%~3%。

(五)玻璃纤维水泥

玻璃纤维水泥是利用玻璃纤维增强的水泥基复合材料。通过在水泥砂浆中掺入抗拉强度高的玻璃纤维可改善其脆性,提高其抗拉、抗弯和抗裂性能。

在玻璃纤维水泥中使用的玻璃纤维,必须是耐碱或高抗碱的玻璃纤维,以免在带有强腐蚀性的水泥中被溶解腐蚀。一般赋予玻璃纤维耐碱性能的方法,主要是在玻璃成分中加入 ZrO_2(氧化锆),改变玻璃纤维的化学成分,从而制成耐碱玻璃纤维;也可设法用合成树脂将普通玻璃纤维表面包裹起来,以提高玻璃纤维的耐碱性能。目前,我国多采用提高纤维耐碱程度和降低水泥碱度的双保险方法来制作玻璃纤维水泥制品,即采用低碱度的硫铝酸盐水泥、耐碱或高抗碱纤维、细集料和外加剂等作为主要原材料,常用直接喷射法、喷吸法或预拌法制作玻璃纤维水泥。

由于生产工艺不同,玻璃纤维水泥的性能可能有较大的出入,提高其质量的关键是提高耐碱玻璃纤维在水泥砂浆中的均匀分散程度。通常,耐碱玻璃纤维的掺量为水泥重量的 2%~4%。质量良好的玻璃纤维水泥,比重常为 1.8~2.2,其弯曲、拉伸、剪切强度及抗裂、抗冲击性能都远高于普通水泥砂浆。

（六）喷射混凝土

利用喷射设备能够将特定比例的混凝土混合物,通过管道传输以极快的速度喷射至被喷涂的表面,使其凝固成硬质的混凝土。当混凝土以高速喷射时水泥和骨料的反复冲击使其变得紧密,并且能够使用较低的水灰比例,这样就能够提供更高的强度和更优秀的耐久性。通过在混合物中添加速凝剂,喷射混凝土能在 10 分钟内完成凝固,从而迅速提升其强度。采取喷射施工技术能够把混凝土的搬运、灌注以及搅拌融为一体,无须或仅使用一个平面的模板。这种技术能够利用输送材料的软管,从高处、深处或者是狭窄的操作空间,对各个方向进行薄壁的或者是复杂形状的构造。根据混凝土喷射材料的配比与传递手段,喷洒技术有四种类型:干燥型、潮湿型、半潮湿型及并行型,干式喷射与湿式喷射都得到了大量的应用。采用干式喷射的方法将未混合的物质,如粒状凝固剂,通过喷射设备进行压实。湿式喷射的工作原理是通过使用喷射设备将混合物加入水进行压实。

喷射混凝土具有较高的抗压、抗拉和抗弯强度;其黏结强度与受喷面的粗糙程度、干净状态、界面湿润和养护情况等因素有关。干净、粗糙、湿润表面及养护良好时,其黏结强度很高:其抗渗性能和抗冻性能良好。一般抗冻标号大于 D200,所以其耐久性也较好。

喷射混凝土也可采用钢纤维增强混凝土、硅粉喷射混凝土及水泥裹砂喷射混凝土。

（七）真空处理混凝土

真空处理混凝土是将浇灌后的混凝土,立即利用真空泵、真空槽或气垫薄膜等组成的真空吸水装置在混凝土表面造出真空环境,将表面附近混凝土中的气泡和水分吸走,同时利用大气对混凝土加压。

采用真空作业处理的混凝土,可在不增加水泥用量的前提下,降低水灰比、增加密实度、缩短拆模周期,从而较大幅度地提高混凝土的强度和耐久性。但因其施工比较麻烦、效率较低,尚有待改进。

二、环氧砂浆及环氧混凝土

(一)环氧砂浆及环氧混凝土的组成成分

1. 环氧树脂

凡含有环氧基团的高分子化合物,统称为环氧树脂。土建工程使用的环氧树脂一般为双酚 A 型环氧树脂,属热塑性高分子化合物。其分子量不大,使用时,可通过加入固化剂使它进一步交联成体型结构的巨大分子,从而固化成不溶不熔的硬质产物。

由于环氧树脂具有良好的工艺性能,可在常温下固化,黏结性能很强,收缩性较小,膨胀系数也较小,具有良好的耐腐蚀性能,机械强度高,吸水率很低等,环氧树脂得到广泛的应用。

2. 固化剂

环氧树脂在使用时,必须加入固化剂,使线型结构交联成体型结构。固化剂的种类很多,常用的有胺类(如乙二胺、二乙烯三胺等)、酸酐类及合成树脂类化合物。

3. 增韧剂

增韧剂的主要作用是提高环氧树脂的韧性,增强抗弯、抗冲击能力。增韧剂分为非活性增韧剂和活性增韧剂两类。非活性增韧剂不带活性基因,不参与固化反应,只起添加物作用,又称增塑剂,如邻苯二甲酸二丁酯等。活性增韧剂能参与环氧树脂的固化反应，共同组成体型结构，常用的有低分子量的聚酰胺树脂、聚硫橡胶和丁腈橡胶等。

4. 稀释剂

稀释剂的作用是降低混凝土的黏度，从而有助于施工流程。活性稀释剂只能在环氧树脂的固化过程中发挥稀释作用，比如丙酮、甲苯、氯苯以及二甲苯等。随着环氧树脂的固化以及应用，这些物质会逐步蒸发，从而导致其黏附能力减弱，收缩率上升，有时候还会减少其热变形的温度、抵抗冲击的能力以及抵抗弯曲的能力。活性稀释剂不仅起到稀释的效果，还参与固化过程。需特别强调是由于活性稀释剂含有环氧基，让其能够发挥固化效果需要适度增加固化剂的使用量。

（二）环氧砂浆的施工

当环氧砂浆配合比方案确定后，除称料要准确外，还必须严格按配料工艺流程进行配料，并注意各流程的温度控制。环氧固化反应是放热反应，树脂导热性能又差，每次配料不仅要保持各种材料的比例，拌和总量亦应根据试验确定的数量进行，否则温度变化及固化时间还是难以确定，甚至影响固化树脂的质量。对于要修补或保护的材料，应对其表面进行处理。要求表面坚固、平整、清洁及干燥（用水性环氧固化剂的除外）。表面处理好后，先刷一薄层环氧胶液，然后填铺拌和好的环氧砂浆，并将其压实抹平，最后按要求的固化条件养护至规定的龄期。

三、不饱和聚酯树脂砂浆及混凝土

(一)不饱和聚酯树脂砂浆的组成成分

1. 不饱和聚酯树脂

不饱和聚酯树脂,一般是由不饱和二元酸二元醇或者饱和二元酸不饱和二元醇缩聚而成的具有酯键和不饱和双键的线型高分子化合物。不饱和聚酯树脂是用单体苯乙烯作溶剂、溶解不饱和聚酯所组成的树脂。

2. 引发剂

引发剂是容易产生游离基的过氧化合物,使树脂和苯乙烯单体中的双键活化发生共聚反应,放出热量,形成立体网状交联结构的大分子。常用的引发剂为过氧化环己酮糊,它是过氧化环己酮与邻苯二甲酸二丁酯按 1:1 比例混合的浆糊状物。

3. 促进剂

促进剂是降低引发剂正常分解温度、加快分解速度的化合物。常用的促进剂有环烷酸钴溶液,含钴量约为 0.5%;萘酸钴溶液,含钴量约为 2%。不饱和聚酯树脂在低温使用时,有时需加第二促进剂,一般使用二甲基苯胺。

4. 减缩剂

减缩剂是为了克服不饱和聚酯树脂固化时收缩较大的缺点而加入配方中的热塑性聚合物。可将聚氯乙烯粉末或聚苯乙烯颗粒加到苯乙烯单体中配成减缩剂溶液。试验资料表明,掺减缩剂溶液的不饱和聚酯树脂砂浆的和易性及减缩效果都比直接掺聚氯乙烯粉末时好一些。

5. 填料

在不饱和聚酯树脂砂浆中加入填料的目的及所加填料的品质与环氧砂浆基本相同。不饱和聚酯树脂砂浆除收缩较环氧砂浆大外,其他力学性能接近环氧砂浆。

(二)不饱和聚酯树脂砂浆的施工

用不饱和聚酯树脂砂浆进行修补或对材料表面进行保护处理的施工方法与环氧砂浆的施工方法相同。不饱和聚酯树脂砂浆配制时,引发剂与促进剂切勿直接接触,否则会引起爆炸。因此,拌料时先将树脂与引发剂拌和均匀后,再加入促进剂进一步搅拌均匀。填铺砂浆前表面刷一薄层浆液,填铺压实抹平后,需覆盖塑料薄膜,防止单体挥发。树脂固化温度为 $10 \sim 35$ ℃,环境温度恒定,是保证固化反应的重要因素。因此,冬季施工时,采取在塑料薄膜上再覆盖草袋或麻袋的保温措施,一般养护 20 天即可使用。

第二节 桥梁质量检测

一、桥梁质量检测概述

桥梁质量检测主要对病害特征较为明显的部位以及桥梁的典型受力位置采用专门的检测技术和设备进行深入细致的检测。通过质量检测可以更加全面掌握桥梁的技术状况和工作状态。质量状况检测一般包括以下方面:

1. 桥梁几何状态参数测量

主要是对结构的整体线形进行测量,从宏观上对桥梁的刚度进行评估。

2. 桥梁结构恒载变异状况调查

主要对结构的尺寸、桥面铺装厚度、桥上的其他附加荷载进行调查。

3. 混凝土强度测试

一般采用回弹法、超声回弹综合法、钻芯取样法对混凝土强度进行综合评定。

4. 钢筋分布状况检测

采用钢筋探测仪对钢筋的分布状况和混凝土保护层厚度进行检测。

5. 钢筋锈蚀电位测定

选择重点受力部位对钢筋锈蚀电位进行检查，以判断受力钢筋锈蚀的可能。

6. 混凝土氯离子含量测定

混凝土中的氯离子可诱发并加速钢筋锈蚀，特别是对于处在海洋环境中的桥梁更应重视对其含量的测定。

7. 混凝土电阻率检测

间接评定钢筋的锈蚀速率。

二、质量检测工作中存在的问题

1. 对质量检测工作的重要的认识不足，部分质量检测从业人员工作中不认真负责、不讲究精确度，而是粗心大意、敷衍了事。

2. 质量检测人员业务素质低，检测技术水平低，内部缺少高层管理人才，缺乏技术措施。

3.检测设备老化,缺乏对先进检测仪器设备的引进,而先进设备的引进是进一步提高检测质量的重要保障。

三、完善桥梁质量检测的措施

(一)把好设计关

需要清晰地设定技术规范,并加强对标准的执行。包括所有项目的设计文件、建设规则、操作流程、技术关键点,质量检测方式和评估准则,以及工程监督方法和执行规定等相关文件资料。将所有的建设和施工文件统一发送给建设单位和施工单位,确保每个人都有明确的目标,有规则可遵循,有法律可依据。

(二)完善质检机构和工程质量管理制度

首先,需要通过技术教育,让所有参与建设的人员理解并掌握每个建设步骤的建筑技巧和技术标准,确保在技术方面有清晰的认识,明白自己应该做些什么、如何去做以及能达到何种水平。完善的法律体系是确保道路建设品质的一个核心因素,针对相应的法律体系建立相应的行业规范。交通监督机构必须对这些质量检测单位进行严谨的监控。

(三)把握好施工控制参数的确定

施工控制参数是指可以引领施工并管理施工品质的核心信息。比如说,在道路基础填充过程中,最适宜的水分含量和最大的密度,这两个因素对于指引施工并且控制压实的品质起着决定性的作用。对于这些参数的精确性,它们会对道路建设的品质产生直接的效果。因此,在采用实验检测方法来确定参数时,应该严格按照实验检测的规则行事,并尽力减少实验误差,提升检测的精确度,以保证实验数据的精确性和可信度。对道路使用的物资品质进行管理。例如填充物、沙子、石头、水泥、钢筋、预制部件等成品材料都应根据相关的试验检测程序和技术规定进行检查。不仅需要对所有的基础物质做出标准化的测试,也需要做一些特殊的非标准化测试,来判断这些物质是否符合建筑技术的标准。

四、工程实例

(一)工程概况

某大桥,全桥长 396 m,桥跨布置为 16 m+18×20 m+16 m,上部为装配式简支 Γ 形梁,下部为 1×1.2 m 双柱式桥墩,基础为每墩两根 φ1.2 m 的钻孔灌注钢筋混凝土摩擦桩。设计技术标准:桥面宽度:净 9 m(行车道)+2×0.25 m(安全带);设计荷载:汽车—20 级;验算荷载:挂车—100;地震烈度:按 8 度设防。

(二)检测内容及方法

1. 行车道梁

(1)检测内容:病害情况,有无开裂、破损、剥落、露筋、渗漏、蜂窝麻面。

(2)检测方法:检测病害主要用目测,伴之以望远镜、放大镜和刻度放大镜。

2. 墩、台及基础

(1)检测内容:墩、台身是否开裂,表面是否风化、剥落,有无空洞、麻面、露筋,有无歪斜、沉降、鼓突;桩基础是否因被水冲刷而产生露筋和表层混凝土脱落现象。

（2）检测方法：对 8 号桥墩桩基进行开挖，以观测其病害情况。主要用目测，伴之常规检测仪器及工具，如倾斜仪、钢卷尺等。

（三）检测结果

1. 行车道梁

通过目测及望远镜对全桥进行观测，行车道梁基本完好，装配式简支 T 形梁横向连接牢固，横隔板未出现错位。梁体没有出现明显的破损、混凝土剥落、露筋、蜂窝麻面现象。借助搭建于第八跨的满堂支架，对该跨的中间 4 片 T 梁裂缝进行了详细的观测。观测裂缝共计 28 条，宽度为 0.03 mm～0.06 mm，远小于容许值 0.25 mm，T 梁混凝土开裂并不严重。

2. 墩、台及基础

（1）墩柱：竖立度尚好，9 号上游墩柱混凝土有轻微的破损，混凝土剥落掉块，钢筋外露，11 号、12 号、15 号墩上游墩柱亦有轻微的风化现象，可见粗骨料。

（2）基础：基础冲刷严重，6 号～13 号墩承台底部冲空，8 号～11 号桩基顶端露出长度约 1 m，桩基顶端有一定侵蚀，混凝土表层脱落，粗骨料清晰可见，但经探测未见钢筋外露。承台在施工时支模欠佳，混凝土表面粗糙。

第三节 桥梁结构检查和检测

一、桥梁结构检查

桥梁检查包括桥梁日常巡查和定期检查两个内容。

日常巡查:一月一次通过日常巡查可随时掌握桥梁结构状态,发现问题及时采取相应的措施,确保桥梁结构功能正常(由路段养护人员或桥梁养护人员检查)。

定期检查,每 3 年~5 年一次,通过定期采集桥梁结构技术状态的动态数据,列入桥梁养护管理系统,为评定桥梁使用功能、制订具体桥梁维修计划提供基础数据(由具有检查经验,受过专门桥梁检查培训、熟悉桥梁结构设计等方面知识的养护工程师负责)。

二、桥梁结构检测

桥梁结构检测是在桥梁检查的基础上,通过对桥梁结构的变位、应变、动力特性、裂缝和损害等项目的检测,来证实桥梁在强度、刚度、稳定性、耐久性和动力性能等方面能否满足安全运营的要求。

1. 桥梁结构检测内容

桥梁结构检测内容包括桥梁外观病害检查、桥梁结构材料检测和荷载试验。

桥梁外观病害检查:通过人工现场检查,根据桥梁结构的外观损坏状况打分、评定类别,为下一步桥梁结构材料检测提供了依据。

外观病害检查的主要内容有:

(1)上部结构:支座、上部主要承重构件和上部一般承重构件;

（2）下部结构：桥台及基础、桥墩及基础和地基冲刷；

（3）防护工程：翼墙耳墙和维坡护坡；

（4）桥面构造：桥面铺装、桥头跳车、伸缩缝、人行道以及栏杆护栏；

（5）附属工程：照明标志、排水设施和调治构造物等。

桥梁结构材料检测：在桥梁外观病害的基础上，做进一步桥梁结构材料检测，检测的重点是桥梁结构钢筋锈蚀情况和混凝土强度检测，通过分析为桥梁可靠性和耐久性的判断提供了技术依据。

结构材料检测主要内容：

（1）混凝土强度检测：混凝土回弹值、混凝土超声值和混凝土碳化深度；

（2）混凝土氯离子含量、混凝土阻率和钢筋锈蚀电位；

（3）钢筋保护层厚度：钢筋混凝土保护层厚度。

桥梁荷载试验：根据桥梁外观病害检查和结构材料检测的结果，对外观病害和结构材料状况差的桥梁进行荷载试验，荷载试验可分为静载试验和动载试验两种，通过对桥梁按设计荷载直接加载，测试桥梁在最不利荷载作用下的实际响应，进一步分析桥梁的工作状态，判断桥梁结构的实际承载能力。

桥梁荷载试验内容：

（1）静载试验：不同加载工况；

（2）脉动试验、行车试验、刹车试验和跳车试验。

2. 桥梁结构检测技术

（1）桥梁外观病害检测技术：因主要评定桥梁表面现象，所以以目测桥梁外观的检查方法为主，必要时辅以简单工具和仪器进行检测，如量尺和放大镜等。

（2）桥梁结构材料检测技术：分为无破损检测技术和局部破损检测技术。

无破损检测技术：使用没有受损的手段来评估混凝土的硬度、碳化程度、氯离子浓度、混凝土的电阻率、钢筋混凝土防护层的厚度以及混凝土内部的钢筋腐蚀状态。这种无破损的检验手段包括利用脉冲传输、脉冲衰减以及全息摄影等方式进行的超声波检测技术等。

局部破损检测技术：对于无受损的检验手段，采用局部破坏的检查方法：首先对零件进行钻探并抽样，接着进行物理化学分析以及力学特性的评估，以确认其强度、弹性模量、水泥的比例、碳化的程度以及防护层的电阻率等。

（3）桥梁荷载试验：对于桥梁的荷载实验，其中的静载部分就是把一个静止的负载施加在负载的最不利位置，然后通过这种方式来获取桥梁的静力位移、动力冲击系数、应力、裂痕以及下沉等静态指标。通过使用激励技术可以引发桥梁的震动，进一步确认其内在频率、阻尼比、动力冲击系数和动力反馈等动态指标。在静态或动态的测试中都会使用特定的设备来获取桥梁结构的反馈信息，这些反馈信息有助于人们推断出桥梁结构的性能指标，并评估桥梁结构的损坏程度。

第三章　危桥改造加固方案设计

第一节　桥梁加固与加宽综合设计

一、工程概况

A 工程修建于 20 世纪 90 年代后期,由于修建时间过长,技术以及施工工艺不完善等导致道路桥梁的桥体本身能够同时容纳的车辆数量较少,且道路桥梁的承载能力因后续养护不到位已经开始出现一些新的问题。其中,道路桥梁的下部结构出现了一定的破损,盖梁表面个别区域的破损程度较为严重,钢筋锈蚀导致混凝土保护层大面积脱落。其中,技术人员测量得出的混凝土最大裂缝面积约为 2.0 mm,给道路桥梁的整体运行造成了较大的安全隐患。因此,根据 A 工程中存在的破损程度严重、混凝土保护层大面积脱落、混凝土裂缝增大的问题,需要进行加宽和加固施工,帮助提升道路桥梁的整体性能,达到较好的使用要求。

二、道路桥梁加宽加固设计及施工工艺种类

（1）加宽加固设计方案

本案例工程中针对道路桥梁加宽加固设计及施工工艺的使用需要在保证桥梁整体构造和桥梁连续箱梁桥、跨径不变的基础上进行加固方案的设计。在原有道路桥梁的基础上作为扩建之后桥梁

的一条车道,新建桥梁的跨径与原桥的对比之间需要相互照应。例如,设计人员采用横向与原桥以铰接的形式进行连接,使得连续箱梁桥、跨径之间原有的比例保持不变,在此基础上将其设计为连续箱梁结构,单箱双室,并在桥梁的两边加固防护栏,帮助减少交通事故发生的同时提升车辆行驶的安全性能。

(2)道路桥梁加宽施工工艺

道路桥梁的使用现状存在一定的不足,需要对上部结构的裂缝混凝土部分进行拆除,并在其基础上重新安装新的板块,以确保后续浇筑工作的顺利进行。为实现这一目标,设计施工人员需要对原有的道路桥梁加宽施工工艺进行综合改进。

a. 首先,施工人员需通过测量获得道路桥梁的相关数据,进而精确地测放出桩基的平面位置和原始地面的高程。在此基础上,施工技术人员需在施工部分建立相应的控制网。其次,对整体桥身桩位进行放样,并建立固定标桩。标桩应采用直径不小于φ16的钢筋,埋设深度不低于0.8 m,并高出地面10 cm。为保护标桩,需用混凝土进行固定。最后,在混凝土浇筑过程中,应对桥体的护壁进行振捣密实,确保其稳定性达到相应标准。这样的施工方法能够有效地解决道路桥梁的加宽问题,提高桥梁的使用性能。

b. 施工技术人员在进行桩孔开挖基岩部分的施工时,需要按照设计出的施工方案中桩孔开挖的实际方向进行钻孔,以空压机作为驱动力,利用风镐破岩出渣成孔,孔内的石渣可以使用卷扬机进行吊运,孔位上方搭设钢支架。同时针对钻孔的数值的对比需要与设计方案中的数据进行比对,确保钻孔的大小符合要求,便于后续钢筋笼的安装。

c. 为确保道路桥梁加宽施工工艺的实际施工的要求和质量达到标准,提升道路桥梁工程的安全性和稳定性。本案例中采用的钢筋笼安装主要是以现场加工安装的方式为主。首先,材料采购人员将采购到的钢筋运至指定的施工地点,将主筋以机械的方式进行连接,箍筋与主筋之间应当使用扎丝进行牢固绑扎。案例中绑扎的间隔距离保持在2.0 m的范围之内,同时在固定的位置设置出4个对应的定位筋,形成对称的布置方式。将绑扎之后的钢筋笼放置在对应的固定接口处就能开展下一步的施工操作。

d. 为提升本工程案例中道路桥梁加宽施工工艺的质量,混凝土的选择主要是以商品混凝土为主。施工人员在浇筑之前首先需要对孔位和钢筋笼进行仔细的检查,确保所有的基础构件都没有问题之后再进行后续的浇筑工作。本案例中采用的浇筑方式主要是以分层浇捣的方式为主,将浇捣的厚度控制在80 cm以内,前期使用机械浇捣,后续的检查工作主要是以人工振捣的方式。人工振捣的过程中需要综合混凝土浇筑的实际情况针对浇筑不完全的地方进行振捣密实,以均匀振捣的方式为主,可以使混凝土浇筑的质量达到要求。振捣完成之后即可进行下一步的凿毛工作,案例中桩基顶面应当超出设计标高50 cm,养护人员需要针对施工过程中存在的不足进行针对性的整改。施工技术人员在实际加宽工艺应用的过程中不仅需要确保施工方案的可行性,同时还需要保证施工的质量达到一定的标准。

三、道路桥梁加宽加固施工设计

(一)桥梁的加宽加固施工设计

在进行桥梁加宽加固时,由于桥梁经过加宽之后会增加基础的承载载荷,因此还要针对桥的基础做加固处理。避免桥梁承载力不足造成安全事故。进行桥梁的加宽加固施工时,主要针对其薄弱部分进行加强,并增加辅助构件、更改构件的体系、降低横梁载荷、加固基础,其主要目的在于提升桥的承载能力,延长使用寿命。

(二)道路桥梁加固

1. 加悬臂挑梁

如果原有的桥梁经考察发现保存比较完好,其桥墩、基础等结构能够承载拓宽后的桥梁,就可以直接在现有桥梁上进行加宽改造。一般主要应用钢板粘贴法,这种方式应用的范围比较广,而且还能够实现双侧的加宽改造。

2. 新建单边桥梁加固

这种方案主要针对原有桥梁基础损坏过多,承载力不够时。进行这种方案施工,能够不影响到原有交通运输,仅在单侧进行加宽加固。其施工难点主要集中在新旧桥的连接和选择连接方式上,在施工时需要考虑到的周遭条件也比较多,工程施工规模比较大。资金投入比较多。

3. 增加主次梁,更改受力体系

这种施工工艺是在原有桥梁上增设边梁、增加主梁,从而拓宽原有桥梁,通过这种施工方案可以增加桥梁的负载能力,还能够降低边梁受到的来自主梁辐射的剪力以及桥梁自身的横向应力。这种施工工艺更多地应用在桥墩宽度比较富余的桥梁上,否则需要另外盖梁进行加宽处理。其缺点是在提升桥梁承载力方面效果不是十分明显。使用增加主梁的方法可以分担旧梁和拱肋的载荷横向分布系数,还能够拓宽桥面,增加桥梁的承载力,但是工程造价比较高,工期比较长。

四、道路桥梁加宽加固的连接工艺

新旧桥梁在连接时,分别有上部和下部都连接、上部和下部都不连接、上部连接下部不连接三种方案,每一种方案都有其应用环境和施工方案,上部和下部都连接主要针对新建桥相比旧桥刚度更大的加宽加固,利用横向钢筋来连接上部、下部结构,然后进行浇筑形成一个整体,提升主梁的承载能力。这种方案可以有效避免连接处的扭拉变形。需要注意的是,新旧桥的地基下沉量应该保持一致。上部结构和下部结构都不连接的方案中,新旧桥之间会有一个细小的隔离,这种方案不会受到地基下沉干扰。但是不适合大跨度桥梁的加固加宽,也不能够提升桥梁的承载能力,主要应用在比较短的桥梁加宽加固连接上。

上部连接下部不连接的方案中,桥面会通过纵缝钢筋连接后重新铺设,这种方案需要新旧桥的挠度差异要小,否则易在连接位置出现裂缝。还要针对桥梁地基做处理。避免出现沉降不一致造成开裂,第三种施工连接方案应用更为广泛,更适合于新旧桥梁基础沉降不一致的情况,施工期间应该根据应用环境,合理选择适合的施工方案。

第二节 体外预应力加固设计

一、体外预应力设计

(一)体外预应力筋的布设方式

体外预应力筋的布置形式和位置对桥梁结构内力分布起着关键作用。因此,在实际工程中,我们需要根据桥梁结构的实际受力特性和加固目标来选择合适的布束形式。通常,体外预应力加固桥梁时有两种布置方式:直线筋和折线筋。然而,由于直线筋难以适应结构的受力特性,通常仅适用于结构的局部加固或简支梁桥的加固。对于连续梁(连续刚构)桥,我们通常采用折线型布置体外预应力筋,以适应结构正负弯矩交替变化的特点。在具体设计过程中,我们需要对所加固桥梁的几何尺寸和结构构造有深入了解,以便在有限的布筋空间内使体外筋产生的偏心距最大化,从而最大限度地发挥所布置的体外预应力筋的加固效果。此外,应尽量让体外预应力筋的转向及锚固块靠近腹板与顶、底板的交接部位设置。这样做既方便锚固,又能降低张拉体外预应力筋后引起的应力集中程度。同时,我们还需要将体外索的弯曲角度及半径控制在适当范围内。一般来说,弯起角以 5~15 度为宜,半径应大于 2.5 m。过大的角度和过小的半径都将增加转向块处钢束的弯曲应力,可能导致体外索因疲劳而过早破坏;过小的弯起角度和过大的半径将增大转向块的长度。因此,在设计时,我们应根据桥梁结构的具体情况确定合理的起弯角与半径。

（二）体外预应力筋数量的选择

由于需要加固的梁体本身存在一定的缺陷，故在加固设计前应对桥梁的技术状况及承载能力状态有较准确的把握，在考虑桥梁损伤程度的基础上分析桥梁结构的实际受力状况，以此来确定所需体外预应力筋的数量。具体设计时可根据桥梁加固前的实际承载能力及加固后所应达到的承载力的期望值，按照部颁现行《公路桥梁加固设计规范》的相关规定进行计算。一般先确定控制截面（跨中及支点断面）所需体外预应力筋数量，其他截面所需的体外预应力筋则在体外预应力束界范围内布设，其预应力筋数量可在各控制截面数量的基础上根据各截面的受力情况及转向块、锚固块的布置情况进行微调。设计时最终所采用的体外预应力数量最好有所富余，这样也便于在施工时根据施工控制测试情况对控制应力进行调整。在条件允许的情况下应采用比计算值稍大的控制应力，以增强结构的抗裂性，使梁体的承载力得以显著提高，但需注意检查及分析张拉体外索后对梁体的其他部分受力是否存在不利影响。

（三）体外预应力筋的控制应力

因体外预应力筋在张拉过程中仅在转向块及锚固块处与原结构变形相协调，其他部分则呈现出明显的非线性特征，它的应力发展不同于体内预应力筋，受外界因素的影响较大，比如冲击及振动、火灾及人为破坏等，这些都将严重影响体外预应力筋的使用寿命，因此应该采用比体内预应力筋较低的控制应力值，以避免因体外预应力失效对桥梁结构产生较大的损伤；现行部颁《公路桥梁加固设计规范》（JTG/T J 22—2008）中规定：在使用阶段体外预应力筋的最大控制拉应力不应大于预应力筋材料抗拉标准值的 0.65 倍；精

轧螺纹钢最大控制拉应力不应大于预应力筋材料抗拉标准值的
0.85 倍。对于具体的桥梁加固工程,由于实际布筋空间的限制,转
向块处的钢束的弯起角度过大或钢束半径过小,将导致体外预应力
筋的强度下降,故在设计体外预应力筋时宜尽量降低其张拉控制应
力,一般张拉控制应力可取钢束标准强度的 0.4~0.65。在施工张
拉时宜以强度控制为主、引申量控制为辅。

(四)体外预应力筋的防护与减震

体外预应力筋防护方法的选用应综合考虑环境条件、是否需要
重新张拉或更换以及结构类型等因素。体外预应力筋的防护通常
有两种做法:①在镀锌或者有环氧涂层的体外预应力筋的表面加
PE 套,此种做法的体外索可以不再设套管进行防护而单独使用;
②在体外预应力筋的外面套以套管,套管与力筋之间填充灌浆材料
进行防腐,套管可以采用刚性管、可弯曲的塑料管或用薄钢管加强
的可弯曲塑料管。锚具则采用专门加工的钢护套进行防护,将其安
装在已张拉锚固的锚具外面,并在钢护套内注入专用的防腐油脂。

在体外预应力施工完工后,应在预应力筋全长范围内设置减震
器,将预应力筋和梁体混凝土固定起来,避免共振对梁和索产生的
不利影响。延长预应力筋的使用寿命。

二、体外预应力加固实例

关于某高速公路匝道桥的预应力混凝土连续曲线箱梁的设计、
施工及裂缝处理。该桥的桥型为 4×28+2×40.5+5×28 m,桥梁全长
333 m。下部构造采用桩柱式结构,3、7 号墩采用双柱式桥墩,其余
为独柱式。主梁采用单箱单室断面,顶宽 12 m,底宽 6 m。中间两
孔 40.5 m 跨为变高度截面,箱梁根部高 2 m,跨中梁高 1.5 m。其

余 28 m 跨均采用等高截面,梁高 1.5 m。箱梁底板厚 25 cm,腹板厚 40 cm 和 50 cm,各墩墩顶均设 1.5 m 厚横隔板。该桥在建成不久后出现了大量裂缝,包括支点附近处腹板的斜向裂缝、跨中附近处的横向裂缝、翼板的横向裂缝、底板的纵向裂缝等。经分析,原桥设计中对弯桥的弯扭耦合效应重视不足,预应力束配置不足,普通钢筋数量和直径偏小,施工时张拉顺序、张拉误差等原因导致裂缝出现。

针对该桥的设计、施工及开裂现状,经综合比选后认为采用体外预应力进行加固为较佳方案:即在箱梁两侧腹板上各增设了 2 束1515.24 体外预应力钢绞线,其布设方式见图 3-1;然后再植筋绑扎钢筋,浇筑 20 cm 厚的外包混凝土,形成新的箱梁断面,见图 3-2。

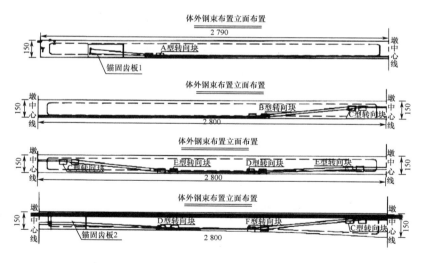

图 3-1　体外预应力束布置

与其他采用体外预应力技术加固的桥梁工程相比,该桥的加固设计有以下特点:采用普通钢绞线作为体外预应力筋,设置钢结构

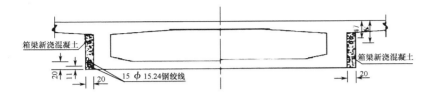

图 3-2 加固后箱梁典型断面示意

转向块及克服径向力的锚卡,采用混凝土锚固块。先施加预应力使其直接、有效作用在混凝土梁体上,然后浇筑新增腹板加厚混凝土,将体外预应力筋用混凝土直接包裹起来,这样既保护钢束,又使新增混凝土部分参与原结构共同受力,成为桥梁结构的组成部分。这种布索方式使得钢束在施工时为体外索,施工后则变成了永久的体内索,当然这种体内索从严格意义上来讲与新建桥梁所采用的体内索在计算理论及受力状况上是有区别的。

该桥加固完成后进行的荷载试验结果表明。桥梁的强度与刚度得到了较大的改善和提高。加固竣工后至今已近十年运营状况良好,梁体未出现新的裂缝。成功地将体外预应力应用到了小半径的曲梁桥的加固工程,这在国内尚属首次,加固效果十分显著。

第四章 危桥抗震加固改造设计

第一节 混凝土桥梁的加固

一、混凝土柱桥梁结构的安全性

结构的安全性对应结构极限状态承载能力。桥梁结构的承载能力是指结构抵抗外荷载效应的能力。按照我国现行公路桥梁规范定义,桥梁结构的承载能力包括结构强度极限状态承载力和结构正常使用极限状态承载力两个方面。

(一)结构强度极限状态承载力

结构强度极限状态承载力是指构成结构材料强度达到弹性屈服极限强度时,所能承受外荷载效应的能力。结构抗力效应大于或等于外荷载效应,才具有该外荷载标准的承载能力,则结构处于安全工作状态,反之则为不安全。

(二)正常使用极限状态承载力

正常使用极限状态指结构符合平面假定,应力不超过材料的弹性极限,结构具有线性的荷载—应力—应变关系。结构正常使用极限状态承载力是指结构维持在正常使用极限状态下所能承受外荷载效应的能力。

二、桥梁结构混凝土耐久性

桥梁结构承载力并不是一个固定的数值,随着时间的推移,已建桥梁开始部分老化、损伤积累,或受原设计荷载标准的限制,使桥梁承载力逐步下降,在桥梁结构设计基准期内,其承载能力随时间呈逐步衰减趋势。

混凝土耐久性是指结构在正常设计、施工、使用和维护条件下,在设计使用期内具有对气候作用、化学侵蚀、物理作用或任何其他破坏过程的抵抗能力,如抗冻、防止钢筋腐蚀和抗渗的能力。

混凝土材料的自身特性和混凝土结构的设计施工质量是决定其耐久性的内在因素。混凝土结构所处的环境条件及防护措施,是影响混凝土结构耐久性的外在因素。能够引起混凝土结构产生损伤或破坏,从而降低结构耐久性的环境因素主要有:(1)冻融循环;(2)混凝土的碳化;(3)氯离子的侵蚀;(4)碱-骨料反应;(5)化学介质的侵蚀;(6)物理磨损;(7)钢筋的锈蚀等。

结构的耐久性与结构的使用寿命总是相联系的,桥梁结构混凝土耐久性的逐渐下降,必然导致其承载能力随时间的衰减。

三、加固技术

加固,简略来说,就是通过必定的措施使构件乃至全部结构的承载能力及其应用性能得到进步,以满足新的请求。旧桥加固方法可综合为以下三类。

(一)结构性加固体外预应力加固法

体外预应力法是一种用于桥梁加固的技术,其原理是在梁的下缘受拉区设置预应力材料,通过张拉产生偏心预应力,使梁体产生上拱。这种方法可以抵消部分自重应力,减小结构变形和裂缝宽度,改良结构受力,从而显著提高结构承载力。目前,常用的体外预应力法包括下撑式预应力拉杆加固法和外部预应力钢丝束加固法。

这种方法的优点在于,它可以最大限度地减少对桥上交通的影响,甚至在有限开放交通的情况下组织施工。因此,近年来在国内的工程实例较多,例如301国道盘锦立交主线桥和盘锦立交WII匝道桥的加固。然而,加固后体外预应力筋的防腐问题在一定程度上增加了后期养护费用,因此,这种方法通常不是公路部门的首选加固方法。

另外一种常用的桥梁加固方法是粘贴钢板或碳纤维加固法。这种方法是通过使用黏结剂和锚栓将钢板或碳纤维粘贴锚固于混凝土结构受拉面,从而提高结构的承载能力。这种方法具有很多优点,如基础不转变原结构的尺寸、施工简便、技术可靠、短期加固效果较好且工艺成熟。因此,近年来在钢筋混凝土桥梁的加固维修中被公路部门广泛采用,例如广州东圃大桥加固。

碳纤维加固技术是一种近几年才由国外引进的新技术,因其强度高、耐腐蚀且施工简便而广泛应用于实际工程中,例如广深高速公路福田互通立交桥加固、107国道(深圳段)洋涌河大桥加固。然而,碳纤维本身的一些缺点,如脆性、耐火性不好等,使得这种材料的利用受到限制。

增大截面和配筋加固法。增大截面和配筋加固法一般采用在梁底面或侧面加大尺寸,增配主筋,以提高主梁截面的有效高度,从而达到加强桥梁承载能力的目标。然而,由于增大截面法在施工过程中全部的作业需在梁底进行,施工难度较大且施工质量难以把持,因此,尽管在某些情况下费用并不太大,但以上因素制约了该技术的广泛利用,一般用于T型截曲梁的加固维修。如河南南阳桐柏淮河大桥加固。

转变结构受力系统加固法。转变结构受力系统加固法是通过转变桥梁结构受力系统以达到加强结构整体承载能力的目标,是一种变被动为主动的加固方法。这种技术具有进步结构承载力,增大结构刚度,减小挠度等优点。但该加固方法施工改革时一般要涉及桥面铺装的再处理,增加了费用且加固效果受负弯矩区施工质量的影响较大,目前极少单独采用。

此外,结构性加固方法还有增设主梁加固法、锚喷混凝土加固法和增长横向接洽加固法。

(二)非结构性加固钢纤维混凝土修复桥面铺装层

对桥面铺装层的严重破损,可考虑采用钢纤维混凝土修复。这种材料具有高强度、抗裂能力强,抗冲击耐磨耗等性能,可延伸桥面的应用寿命,在不增长桥梁恒载的情况下,改良梁的结构受力性能。

伸缩缝的更新改革。在桥梁维修中,以下几种类型伸缩缝的应用是较成功的。SFP"三防"型伸缩缝在大型桥梁上的利用情况良好;仿毛勒伸缩缝在大、中型桥梁的大批应用,效果明显;TST、FG系列桥梁无缝伸缩缝,在中小型桥梁上也得到广泛应用。

(三)U形高桥台加固预应力锚索框架法

该加固法采用在U形桥台前墙和两侧墙外加套40 cm的钢筋混凝土,并在两侧墙增设程度预应力索对锚和前墙增设地锚的方案。该方案适用于不能中断交通又无法架设便桥的高桥台病害修复。

桥梁加固的重要目标之一是提高桥墩的整体承载能力。如果桥墩出现结构性损伤,可以采用外包混凝土、粘贴钢板或碳纤维的方法进行加固。对于实体桥墩等横向刚度较大的结构,其状态变化主要受地基影响,因此可以通过回填硬土或对地基注浆等方式增强其束缚桥墩的能力,进一步提高桥墩的整体承载能力。抬桩是一种有效的加固方法,即在旧桩两侧增设一根桩,并通过植筋扩大承台以共同受力。另一种桩基加固方法是钢筋混凝土套箍,适用于处理因下部桩基施工等原因导致的桩基缩径问题。

在当前桥梁加固改革中,针对同一座桥梁的不同部位、构件和改革原因,可能采用多种不同的加固方法。例如,宜宾马鸣溪金沙江大桥的加固采用了增长构件加固法、粘贴钢板加固法、碳纤维加固法和桥面层补强加固法;绍兴斗门江大桥的加固采用了增长构件加固法和桥面层补强加固法等。这种灵活的加固方法选择有助于提高桥梁的整体安全性能和使用寿命。

采用综合加固技术对混凝土结构进行加固,可使各种加固方法扬长避短,加固效果明显,可有效地避免二次修复,是结构加固获得最优性价比的合理途径。关于这方面的研究有待于进一步深入。

第二节　盖梁的加固

一、盖梁纵向张拉体外预应力加固分析

(一)支架施工

本工程在盖梁底模支架施工中采用了托架法。为确保墩柱没有孔洞,托架的承托使用了钢箍,并在钢箍连接部位增加了钢板进行加固。接下来,将吊立安装承托梁,并在安装过程中调整高度,注意使用工字钢承托梁,铺设小槽钢次梁。在底模板铺设方面,要尽

量减少焊缝,使用 6 mm 的钢板制作面板,并对面板进行抛光处理。同时,面板加劲部分采用了 5 mm 的钢板条作为横向和竖向的加劲肋,横向加劲肋断开,竖向加劲肋连接,各槽钢间需要焊接牢固。这种精细的施工方法旨在提高盖梁底模支架的稳定性和耐用性。

1. 模板的安装

盖梁模板通常可分为端模、底模、侧模,且均为钢模板。在安装制作前,需要进行底模的支设,并在施工前用全站仪放出中心点位,把实心钢棒插入到墩柱的预留孔道内,对钢棒进行拉杆固定,再进行方木的铺设,并对底模高度进行调整,使其与盖梁底标保持一致,在支设模板前,要先在钢筋骨架上进行定位筋的焊接,再将模板结合墨线进行支设,并运用拉杆进行固定。在侧模的固定中,要运用 φ25 的圆钢作为拉杆。在支撑完成后,要确保模板内无杂物,并进行脱模剂的涂抹。在这当中,模板接缝需保持密合,确保施工符合质量要求之后,才能够进行混凝土的浇筑。

2. 托架的架设

在墩柱混凝土浇筑时,要对墩柱外的钢板进行预埋,且上部的三块钢板要紧靠着钢管进行预埋,而下部的六块钢板应该以每块 3.5 m 的间距进行预埋。在浇筑的混凝土强度已达 70% 的时候,还要将工字形的钢支撑于钢管上并进行固定。托架的每个侧面通常都由三块三角杆件形成。三角杆件要在地面上进行拼装,在拼装完成后加以吊装焊接。

3. 波纹管、钢筋的制作与安装

波纹管进行安装时,空间位置要准确,并固定于钢筋骨架之上以免浇筑混凝土时发生波纹管的移位,使得张拉后构件不能形成正常的挠曲变形。为了增加管道的刚度,减小振动器对于波纹管的损伤,在钢绞线浇筑前,还可以将一根直径减小的硬塑料管套于波纹管,在波纹管、钢筋的安装中,要确保波纹管道保持顺畅,且在钢绞线弯折处运用圆曲线进行过渡。另外,锚具垫板要与预应力束保持垂直,且要将垫板中心与管道中心进行对准,并保持波纹管接头的严密。

(二)梁混凝土浇筑

在进行混凝土浇筑前,要对模板、托架、钢筋等进行严格的检查,确保其牢固性,同时,为确保混凝土浇筑后的张拉,应预留一定的波纹管、孔道、预埋件并对其施工质量进行检查。在混凝土浇筑中,要使用输送泵来进行连续、分层的浇筑,结合实际施工状况适当在混凝土中进行减水剂的添加,使其快速初凝。在浇筑完工后,要进行混凝土收面,并在混凝土终凝达到一定的强度后,进行模板的拆除,并洒水养护一周。

1. 混凝土张拉

在混凝土的强度达到一定程度后,就可进行张拉。在拉张中,千斤顶要放在两端进行同时张拉,而锚具则需要经过热处理后,使其达到标准硬度。在这个过程中,需要对千斤顶进行校验,确保其精准性。公路所使用的后张锚具通常为弗氏锥式锚,所以,各锚具钢丝要保持平行且无扭结,确保每根丝的两端都能够辨认。通常,钢丝张拉若气温在 5 ℃以下便不能正常进行。当钢丝张拉至控制应力的 105%,且维持 5 min 后,要将应力降低至控制应力的 100%,并对钢丝伸长度进行检测。

2. 孔道灌浆

在进行孔道灌浆前,要运用压缩空气吹扫孔道,并以每升含量为 0.01 kg 的氢氧化钙水来对孔道进行清洗,并用压缩空气进行吹干。之后,要使用活塞压浆机将灰浆压至管道,且灰浆要从低处向高处压灌,并在最高处进行开孔排气,直到排气孔冒出灰浆为止。一般,灌浆需要进行两次,让灰浆充满管道,以免管道中留下半月形的空隙。而灌浆所使用的灰浆要以硅酸盐水泥净浆,并适当添加减水剂,严禁加入氯化物外掺剂。同时需要注意的是,构件温度若在5 ℃以下,则不可进行灌浆。

第三节　上部结构加固

一、桥梁上部结构加固与改造技术的重要意义

剖析桥梁上部结构的加固与改造技术,有助于施工人员更深入地了解桥梁上部结构的施工特性和提升施工质量。随着我国桥梁工程数量的持续增长,上部结构的承重也在不断加大。为确保桥梁上部结构更加稳定,提高车辆通行的质量,施工人员需要详细分析外部环境因素,并采取有效的解决措施。

随着车流量的不断增加,桥梁上部结构的加固与改造已经成了人们关注的焦点。想要显著提升桥梁上部结构的承载能力,施工人员需要根据车辆的运行特性,采用合理的加固与改造技术,从而进一步提高车辆的行驶质量。例如,在某个桥梁工程中,通过对其上部结构进行科学加固,不仅可以降低车辆安全事故的发生率,还能够显著提升桥梁上部结构的稳定性。由于桥梁工程的施工规模较大,桥梁上部结构的施工难度也在逐渐增大。运用适当的加固与改造技术,可以简化桥梁上部结构,降低其施工难度。这样既能提高施工效率,又能确保桥梁工程的质量,使得桥梁能够更安全、稳定地

服务于广大车辆和行人。

二、加固方案的选择

（一）针对病害原因选择加固方案

各种不同的加固方法都有其优缺点及适用范围，可根据既有桥梁的病害及缺陷情况以及施工条件，选择一种比较合理及可行的方法或几种可以同时使用的方法，以达到桥梁加固后理想的效果。

（二）桥梁加固方案的可行性确定

首先，对桥梁进行外观调查，评定其技术状况，再根据设计资料、通行荷载及荷载试验的要求及结果，确定桥梁承载能力的加固方案，并对其进行技术和经济上的分析比较，依据其比较结果选择最佳的加固方案。一般只有符合下列条件的加固方案才是可行的。

1. 桥梁加固后，其结构性能、承载能力以及加固技术的耐久性都能达到使用要求。

2. 桥梁上部结构加固后，下部结构要有足够的承载能力，满足上部结构的自重和通行荷载增加对基础的要求。如果基础承载能力不足，那么首先采取加固下部结构的措施。

3. 加固比改建桥梁节省材料、时间和费用，比较经济。一般认为加固比改建费用节省 60% 以上，此方案可行。

三、桥梁上部结构的加固与改造技术应用要点

（一）桥面植筋加固法

在当前桥梁工程中，运用桥面植筋加固法是保证桥梁上部结构

完整性的有效手段,同时也能提高其承载能力。这种加固法的施工原理如下:首先,施工人员需要对原有的桥梁顶部与桥面部位铺设一定厚度的钢筋混凝土,并在其内部植入一定数量的钢筋。这样做可以提升桥梁上部结构的抗剪能力,确保原有的混凝土结构与新浇筑的混凝土结构形成一个良好的整体。这将有助于提升工程主梁的高度,防止主梁出现截面变形。

与传统的桥梁上部结构加固与改造技术相比,桥面植筋加固法的施工流程更加简单,对原有桥梁结构的影响也较小。这使得该方法能够有效地提升原有桥梁上部结构的承载能力。此外,由于桥面植筋加固法的施工流程十分便捷,施工人员可以在实际施工中将新老混凝土结构紧密相连,并在连接部位植入一定量的钢筋。这样做可以大大缩短混凝土固化时间,提高混凝土的黏结力。值得一提的是,植筋黏结剂是一种环保产品,对生态环境的污染较小。

为了确保桥面植筋加固法在该桥梁工程中得到更好的应用,施工人员在施工过程中需要注意以下几个问题:首先,对原有的旧桥面进行凿毛处理,利用凿毛电锤钻将桥面进行凿毛,并将桥面混凝土有效清理,使混凝土内部的箍筋全部外露。其次,在凿毛的混凝土表面涂抹一定量的胶结剂,以进一步提升混凝土的浇筑质量。最后,施工人员需要合理控制植筋孔径与深度,可以利用钢筋探测器对钢筋混凝土保护层进行探测,并结合钢筋的安装位置,采用电锤钻处理方式,在钻孔内部注入植筋胶,植入适量的钢筋。这样,就能确保桥梁工程的安全和质量,使桥梁能够更好地服务于广大车辆和行人。

(二)碳素纤维加固法

碳素纤维加固法主要分为两种,分别是碳纤维布加固与碳纤维板加固方法,将碳素纤维加固法应用到桥梁上部结构加固中,能够有效提高桥梁上部结构的稳固性,防止结构失稳现象的发生。与传统的加大混凝土截面等加固技术相比,碳素纤维加固法具有节省施工空间,施工流程简便,不需要现场固定设施,施工质量易保证等特点。另外,采用该工法,可大大提高建筑物的使用寿命,降低加固成本。

将碳素纤维加固法应用到桥梁上部结构加固工程中,能够有效提升桥梁上部结构的使用寿命。碳素纤维加固法的施工流程如下:①施工人员要将混凝土表面进行综合处理,并在混凝土表面涂抹一定量的底胶,将构件表面残缺面修补;②粘贴碳纤维,做好表面养护工作,科学配置找平材料;③配制底层树脂,提升工程结构的稳定性。

(三)改变结构体系加固法

由于该桥梁工程上部结构梁为简支梁,施工人员可以采用改变结构体系加固法,在桥梁上部结构设置临时支撑,将原来的简支梁转变为多跨的连续梁,进一步提升桥梁上部结构的稳定性,保证该桥梁上部结构体系得到更好的改进。将原有的简支体系转变为连续受力体系,能够保证该桥梁工程上部结构的承载能力得到更好的提升,改进原有桥梁结构的受力体系,减小外界荷载对原有桥梁结构的影响。

除此之外,该桥梁工程中的施工人员也可以在上部结构部位设置加劲梁,有效提升主梁的承载力,保证原有桥梁上部结构更加可靠。在设置加劲梁的过程中,施工人员要结合原有加固体系的受力情况,进行合理的简化,保证桥梁上部结构更加可靠。由于该桥梁上部结构具有一定的复杂性,各个结构之间的联系比较紧密,施工人员要结合上部结构的承载现状,将上部结构进行相应的分解,并准确计算桥梁上部结构的刚度与内力,结合主梁、次梁与跨强度,优化原有的桥梁上部结构。

将改变结构体系加固法应用到该桥梁工程中,能够有效防止桥梁上部结构出现较大裂缝,由于该桥梁上部结构的承载能力有限,一旦外界荷载较大,桥梁上部结构很容易出现裂缝,降低结构的耐久性。通常情况下,桥梁上部结构的裂缝长度为 50 cm 左右,通过运用改变结构体系加固法,能够有效减少桥梁上部结构斜裂缝的产生,防止新旧桥梁交界处出现大面积渗漏。

(四)梁板桥粘钢加固法

鉴于该桥梁工程的底板开裂问题严重,上部结构中的纵筋与横筋出现大面积腐蚀,因此采用梁板桥粘钢加固法是提高桥梁混凝土结构薄弱部位施工强度的有效手段。这方法能确保新旧混凝土结构更好地结合,形成一个更稳定的整体。当桥梁工程上部结构的蜂窝较多时,使用梁板桥粘钢加固法可以显著提升上部结构混凝土浇筑质量。

在实施梁板桥粘钢加固法的过程中,施工人员需要根据桥梁上部结构的尺寸,将化学锚栓全部伸入到旧桥梁高度较高部位,并在钢板黏结处进行合理的固定。为了使梁板桥粘钢加固法在桥梁上部结构加固与改造中发挥更大作用,施工人员应当重视配筋工作,确保加固效果达到预期。这样的施工方法既能提高桥梁的承载能力,又能延长桥梁的使用寿命,为桥梁安全提供有力保障。

第四节 基 础 加 固

桥梁的缺陷和病害,除了交通运输量的发展及上部结构固有的原因造成以外,也有相当一部分是因墩台承载能力不足、转角、位移、沉陷等各种原因引起的。因此,对墩台加固补强是桥梁加固改造工作的一个不可忽视的重要组成部分。目前国内外对墩台进行加固补强的方法归纳起来大致有以下几种:

一、加桩加固

当桥梁的桥台基底存在软卧层或者桥台基础没有建立在坚实的岩石基础上,导致沉降现象时,可以在桥台外围、沉井基础内部或者桥墩上下游位置添加桩基,以此对桥台和桥墩进行加固。目前,常用的桩基加固方法包括旋喷桩加固、钻孔桩加固、预制混凝土桩加固以及钢管桩加固等。这些加固方法可以有效提高桥梁基础的承载能力,确保桥梁的安全稳定运行。

二、顶推加固

对于混凝土拱桥中出现的桥台水平位移现象,我们可以采取一种名为顶推法的技术来消除由此引发的病害。具体操作方式是,对于已经稳定的桥台,如果其顶进量较小,我们只需在一端桥台的拱脚处安装顶推装置;而对于顶进量较大的桥台,我们需要在两侧拱脚处都安装顶推装置。然后,通过这些顶推装置,我们将主拱圈从拱脚沿着拱轴线方向向跨中方向进行顶推。这样做的目的是使主拱圈两拱脚间的相对位移减小,从而减轻或消除因桥台水平位移对拱桥产生的危害。

三、用钢筋混凝土箍套加固

当墩、台或桩基等下部结构因承载能力不足、施工质量不好、水流冲刷磨损、风化剥蚀、排水不良以及其他因素如地震、火灾、船舶和漂浮物撞击等造成损坏、变形、侧移及鼓肚等各种病害时,可以采取在有缺陷的墩、台和桩基等的外围浇筑一层钢筋混凝土箍套的方法进行加固补强。常见的加固方法是:

(1)在墩、台或桩基上按一定间距钻孔。

(2)对钻孔灌浆设置锚杆。

(3)布设钢筋网或钢丝网。

(4)用喷射混凝土或现浇混凝土对墩、台或桩基构成套箍,以加固墩、台或基础。近年来国内外已开始广泛研究和应用钢纤维高强混凝土,前景十分可观,正以一种极强的竞争力成为一种新型的加固材料。估计用其作为结构补强材料,只是早迟的问题。

四、用预应力筋或拉杆加固

当桥台尚未稳定、桥台与拱上侧墙等结构物已经变形或可能变形时,一般可以采用预应力筋张拉及设置拉杆的方法进行加固。拉杆可以用钢筋混凝土制作,亦可以用钢筋制作。其加固要点为:

1. 用预应力筋加固

(1)计算需要施加的水平力大小。因为拱式桥梁活载内力一般只占恒载内力15%左右,而且满载情况较少,故通常是以恒载为基准来调整基底应力。

(2)根据水平力的大小,按照钢筋混凝土、预应力钢筋混凝土结构的要求设计立柱、拉杆、拉索以及地锚梁。

（3）在桥台后墙全宽范围内人工凿除砌体，浇筑混凝土地锚梁。

（4）安装立柱、拉索、拉杆。

（5）拉索张拉。

2. 拉杆加固

（1）按设计位置挖除台内填土。

（2）在侧墙上凿槽并安装一定数量的拉杆，然后砌好侧墙缺口。

（3）若设置的是钢拉杆，还须徐徐收紧拉杆端的螺栓，使裂缝逐渐闭合或使变形构件复位。

五、锚杆静压桩加固机理及设计

（一）加固机理

桥梁墩台基础在设计或施工方面存在缺陷，导致实际承载力不足，或者是桥梁使用条件发生改变，荷载等级提高等原因使其地基承载力无法适应等情况下，必须通过锚杆静压桩加固桥梁墩台基础。锚杆静压桩技术是静压桩和锚杆施工技术的有机结合，就加固方法而言，通常在墩台基础襟边或底板下施加静压桩，并将其与原基础结构连接成共同受力的整体，增强地基承载力。通过静压桩加固后，静压桩与原土层地基共同受力，且静压桩形变模量超出土基数倍；静压桩与土体受力在时间上不同步，静压桩起初几乎不受力，当土体接近或达到极限强度后，静压桩方进入工作状态。

（二）锚杆静压桩设计

应用锚杆静压桩进行桥梁基础加固设计前必须全面分析桥梁病害、桥梁基础现状及土基承载力，并通过地质钻探方式进行基岩及硬层厚度勘测,分析土质力学特征;此后则根据液压柱加固桥梁基础的力学原理,进行桥梁基础加固处理,加固过程中必须在充分考虑基层厚度的基础上合理确定桩位、桩距、桩径及桩深等参数,对于较浅基岩,应按照支承桩设计,对于较深基岩,则应按摩擦桩设计。设计过程中还应重视静压桩与旧桥梁基础连接的处理,使其相互锚固、啮合,以保证静压桩与旧桥梁基础形成共同受力结构。

(三)锚杆静压桩施工工艺要求

1.施工准备及控制

在锚杆静压桩桥梁基础加固前必须合理布设勘察点、全面勘察附近施工环境,避免施工期间环境的不利影响;在场地附近设置两个水准点,检测静压桩入土深度,标注轴线位置,并通过专用设备抽取地下水,及时清理底板混凝土表面杂物及污泥,为桩段运输提供顺畅通道。全面检查进场施工设备及预制桩,确保合格后安装压桩设备,并调试状态。

静压桩施工过程中会对周围土体造成一定程度的挤压,影响到整座桥梁质量,为此在施工开始前必须采取相关防治措施,按设计要求设置施工砂井及防挤沟,以加强孔隙水压力和挤土控制。静压桩打入土体的过程中会对周围土体造成一定程度影响,引发其位移变形。为此,必须在防挤沟以外的位置附近增设控制点,并在施工前测量桥轴线桩位,固定轴线控制点,通过钢筋标记桩位,校正桩位,确保静压桩受力始终处于可控范围,避免对其他桩造成不利影响。

2.桩机选择

锚杆静压桩桥梁基础加固方式下,桩机型号对施工质量影响较大,必须结合工程实际及不同型号静压桩机技术参数和性能,选择合适的桩机。静力压桩机分为液压式和机械式两种,该桥梁基础加固施工主要使用最大压力 7 000 kN 的液压式静力压桩机,该压桩机械工作原理和锤击截然相反,且施工过程中无噪声、无振动,但存在挤土效应。

3. 沉桩及压桩

在静压桩沉桩施工过程中,桩尖的刺入会破坏土体的原始应力状态,导致桩尖下的土体发生压缩变形,并朝桩尖施加阻力。随着桩体贯入压力的不断增大,桩间土体所承受的压力会逐渐超过其抗剪强度。在这种情况下,土体会在剧烈的变形下达到极限破坏状态,产生塑性流动、挤密侧移和下拖现象。地表的外黏性土会持续向上隆起,而砂性土则会在桩体饰带下发生下沉。在地面深处,由于上覆土层的持续压力,土体会向桩周沿水平方向挤开,导致贴近桩周的土体结构完全破坏。同时,较大的辐射向压力会对邻近桩周土体产生较大扰动,使得桩身受到土体法向抗力引起的桩尖阻力和桩周摩阻力的抵抗。如果桩顶的静压力超过沉桩过程中的各种抵抗阻力,桩身将会持续下沉。反之,如果静压力没有超过这些阻力,桩身就会停止下沉。这就是静压桩沉桩施工过程中的基本原理和现象。

在压桩过程中,桩周土体的实际抗剪强度与地基土的静态抗剪强度之间存在一定的差距。当桩体不断沉入时,桩体与桩周土之间会产生相对剪切位移。在桩周土地黏着力和土体抗剪强度的共同作用下,桩周表面将受到土体摩阻力的影响。如果桩周土质较硬,那么主要的剪切面将位于桩子和土体接触的地方;而如果桩周土较软,那么剪切面将位于桩表面土体中。随着桩周土抗剪强度的逐渐降低,黏性土会随桩一起沉入,直至桩周土抗剪强度降至重塑强度。

砂性土的抗剪强度相对稳定,受不同土层影响的桩侧摩阻力并非恒定值,而是会随着桩身沉降而不断减小。在沉桩阻力中,桩下部摩阻力的占比为 50%~80%,其数值与桩周土体强度成正比,与桩身入土深度成反比。这些特点表明,在压桩过程中,桩周土体的抗剪强度对沉桩阻力的影响至关重要。

第五章 桥梁结构缺损与裂缝修补

第一节 混凝土桥梁的缺损

裂缝是钢筋混凝土梁中最常见的缺损,分析裂缝的成因,可为裂缝的危害性评定及裂缝修复提供依据。若不经分析或忽视原因分析就进行裂缝处理,往往达不到理想的效果,需要再次进行修补。混凝土开裂的原因很多,但归纳起来基本上是以下四个方面的原因:设计考虑不周、材料使用不当、施工质量达不到要求、养护不力及外界环境的不良影响。为了提高混凝土结构的质量,在表5-1中,列出了混凝土结构裂缝形成的主要原因,以便从各方面努力,规范每个环节,减少裂缝的产生。

表5-1 混凝土结构裂缝形成主要原因

类别			序号	原因
荷载及设计	荷载	永久荷载	1	超过设计荷载
		可变荷载	2	载重量增大、超载
	构造、设计、计算		3	结构形式或桥型布置不合理
			4	断面急变、各部分比例不当
			5	使用计算机程序或输入程序不妥,计算有误
			6	对墩台变位估计不足,措施不力

续表 5-1

类别			序号	原因
施工材料	水泥		7	水泥质量不好,凝结、膨胀不正常
			8	大体积混凝土,水化热高
	集料		9	材料不合格或级配不良
			10	含泥量过大,清洗不充分
			11	碱骨料反应
	混凝土		12	混凝土中外加剂不当或过量
			13	混凝土质量不好,有沉缩及渗水现象
			14	混凝土的收缩
	混凝土	拌和	15	掺和料拌和不均匀
		运输	16	混凝土运输时间过长,水分蒸发过多
		浇筑	17	浇筑顺序不当
			18	浇筑速度太快
		振捣	19	振捣不密实、不均匀
			20	硬化前手振动或过早受力
		养护	21	养护初期急剧干燥、缺水
			22	养护初期受冻
		接头	23	接头处理不当
	钢筋		24	钢筋质量欠佳或数量不够
			25	保护层厚度不足或厚度过大
	模板		26	模板刚度不足,变形过大
			27	漏浆或渗水
			28	过早拆模
	支架		29	支架间距过大或产生不均匀沉陷

续表 5-1

类别		序号	原因
适用于环境	温度和湿度	30	温度或湿度急剧变化
		31	构件两面温湿度相差过大,内外温差过大
	化学作用	32	酸或盐类的化学作用
		33	碳化引起的钢筋锈蚀
		34	氯化物引起的钢筋锈蚀

各种桥梁在制造及运营期间都可能产生不同的缺损(亦称缺陷)。普通钢筋混凝土及预应力混凝土是桥梁结构中常用的材料,在制造或运营期间可能产生裂纹、保护层剥落、蜂窝、麻面、防水层及伸缩缝失效等等。

第二节　桥梁裂缝

混凝土裂缝是公路桥梁质量的重要影响因素,公路桥梁在使用过程中,桥梁病害问题突出,常见的问题是桥梁混凝土开裂。桥梁钢筋混凝土裂缝不仅影响桥梁美观,而且会缩短桥梁的使用寿命。混凝土裂缝会加重桥梁结构钢筋锈蚀,导致混凝土脱落,甚至影响桥梁承载能力和使用的安全性。因此加强桥梁裂缝的养护,是桥梁养护管理中的重要工作。桥梁工程的施工技术管理人员,要明确桥梁混凝土产生裂缝的原因,重视养护和维修加固工作。要把握裂缝的特点与机理,进行科学分析和研究,对于一些重要或关键的部位,要根除裂缝问题,在桥梁工程的设计与施工中进行有效防控,保证桥梁的质量。

一、桥梁混凝土裂缝原因

(一)温度裂缝

温度的变化可能导致裂缝。混凝土有热胀冷缩的特性,内外温差过大,容易出现变形。由于形变的约束,产生结构内部应力。混凝土本身的抗拉强度有限,当内部应力超过限制就会开裂。根据裂缝部位的不同,可以将温度裂缝分为贯穿裂缝、深层次裂缝、表面裂缝。贯穿裂缝、深层次裂缝与主筋平行,表面裂缝属于无规律裂缝。通常在桥梁的大体积混凝土结构中容易出现温度裂缝。水泥水化中产生水化热,提升混凝土的温度,表面散热性良好,不会过多上升。但内部散热条件差,温度上升较大,使内外温差过大形成开裂,在桥面、桥台和桥墩等中容易出现该问题。

(二)荷载作用引起的裂缝

荷载裂缝是在次应力、动荷载、静荷载影响下产生的裂缝,可以细分为次应力裂缝和直接应力裂缝。次应力裂缝是由外部荷载引发次应力导致的,而直接应力裂缝则是外荷载直接作用的结果。各种荷载类型会产生不同类型的裂缝。荷载裂缝主要出现在受力部位,如受弯部位、受压部位等。受力方向平行的裂缝通常短小密集。在弯矩最大截面附近,受弯裂缝容易产生,裂缝从垂直受拉方向向轴向发展。桥梁梁端中下部容易出现受剪裂缝,裂缝呈斜向平行分布。桥梁设计中,结构的刚度不足、布置不合理、钢筋数量不足等因素都可能导致荷载裂缝的出现。此外,设计荷载作用若无法支撑冰凌撞击、外部车船、超载车辆等外力作用,也可能导致裂缝的产生。为了确保桥梁的安全性能,设计阶段应充分考虑这些因素,采取相应的措施来减少荷载裂缝的产生。

(三)收缩裂缝

收缩裂缝会影响桥梁的耐久性,是常见裂缝之一。收缩裂缝主要是表面裂缝,呈现细裂缝纵横交错,混凝土浇筑施工后,内外的不同干缩量差异,会导致收缩裂缝。内部水分蒸发少,外部水分蒸发多,使表面收缩变形,导致开裂。在早期养护过程中,缺乏科学的方法,混凝土表面水分流失加剧,也会导致裂缝。

(四)钢筋锈蚀造成的开裂

钢筋锈蚀裂缝主要是由于混凝土施工质量较差或者混凝土保护层厚度不足,因而造成外部氯离子等进入,并导致钢筋表面氧化膜失效,加剧了钢筋与氧气以及水分发生化学作用,出现锈蚀,锈蚀后产生的氢氧化物造成体积膨胀,因而会对混凝土产生膨胀应力,进而诱发混凝土开裂以及剥落。钢筋锈蚀开裂不仅造成了钢筋有效面积的减小,而且钢筋与混凝土的黏结力削弱,会造成桥梁结构承载力下降,并可能造成结构的破坏。

二、桥梁裂缝的施工预防技术

(一)荷载裂缝的预防

(1)注重对混凝土结构形式的可行性分析,选择合适的结构形式,若存在留设水平施工缝的要求,则合理控制分块的数量,并采取有效的连接措施。

(2)桥梁上部结构采用整体浇筑的方法时,根据梁板的尺寸增设适量的横向受力钢筋,优化受力状态,保证结构的稳定性。

（3）控制好钢筋的布设间距,通常在 10 cm 以内,较为特殊的是变截面、结构边缘等部位,其缺乏足够的稳定性,因此加强分布筋,必要时设合适尺寸的钢筋网片。

（二）温度的控制

混凝土拌和阶段,在不影响整体强度和易性等工程性能的前提下,优先选择干硬性混凝土,其特点在于水泥的用量相对较少,无明显的水泥水化热现象。拌和时,向碎石上适量洒水,起到冷却碎石的作用,降低拌和后混凝土的温度,从源头上减小温度对混凝土结构所造成的不良影响;掺入适量减水剂,在许可范围内降低混凝土的水含量,避免渗水。各季节的环境温度存在差异,应做针对性的分析。以夏季施工为例,现场环境温度普遍较高,要求适当减小混凝土的单次浇筑厚度,否则在大体积混凝土浇筑施工时内部散热效果差,温差明显,随之出现裂缝;必要时,借助降温水管予以降温处理。此外,安排好施工时间,协调好施工工序,混凝土浇筑尽可能避开日间高温时段。除此之外,在道路桥梁施工中应合理设置基础、布设稳定可靠的支架。支架是重要的施工辅助装置,在设计时采用面积法测定其表面受力特点,而在支架投入使用前,组织预压作业,此举有助于消除非弹性变形,同时检验支架的综合使用性能。

（三）道路桥梁裂缝的修补

1. 修补作业的思路

道路桥梁施工中加强检查,若发现裂缝,则及时按照"判断裂缝类型→分析原因→界定影响范围→选择修补方法→正式修补"的流程有序推进,高效处理裂缝,尽可能减少裂缝对道路桥梁所造成的不良影响。

2. 修补方法

①填缝。在各类裂缝修补方法中,填缝是较为常规的一类,其工艺简单,操作便捷,仅需完成裂缝清理、填料嵌补两项工作即可,在小规模的裂缝修补中具有可行性。表面粘贴修补。裂缝宽度较大时,先清理境内的杂物,用黏结胶将特定的修补材料稳定粘贴在裂缝病害部位,达到封闭裂缝的效果,最终完成修补作业。

②喷浆修补。施工材料以水泥浆液为主,在压力的推动作用下向裂缝内输送浆液,依托于浆液的固结作用,使裂缝恢复完整。

3. 梁、板体裂缝的原因及预防

(1)原因分析

①支架基础的密实性不足,这使其难以提供可靠的支撑作用。在受到荷载的影响下,可能会出现不均匀的沉降,从而导致梁体出现裂缝。②在混凝土的拌和过程中,如果石子的粒径偏小或者级配不足,那么拌制出来的混凝土将不具备足够的弹性模量。③波纹管在架宽方向上的偏位,会对梁体的稳定状态产生破坏性的影响。这可能会导致该处出现负弯矩偏心,从而在多种因素的作用下,使得梁端侧面出现纵向裂缝。④ 如果未能对波纹管采取有效的固定措施,那么波纹管的竖向偏位量将会较大,存在明显的零弯矩轴偏位。

(2)预防技术

①为了提高支架基础的整体稳定性,我们可以对支架基础进行预压处理。在预压过程中,需要控制好预压量,并检测并记录沉降量,这样可以为后续的工作提供参考依据。②在混凝土的拌和过程中,选择优质的原材料是非常重要的。例如,石子的粒径必须满足要求,以防止因为混凝土性能不足而导致结构开裂。③对于混凝

土,我们需要进行弹性模量试验,这样可以准确掌握混凝土的弹性模量,从而判断其是否满足设计要求。④在蒸汽养护过程中,我们需要按照特定的频率测量温度,并根据测温数据采取相应的控制措施。需要注意的是,降温幅度不应超过 5 ℃~10 ℃/h,而且无论温度如何变化,我们都需要全面记录温度数据,这样我们才能客观对待,有效地调控混凝土在养护阶段的温度。

（四）混凝土构件裂缝的防治

①选择优质的原材料,以水泥为例,以安定性较好、水化热较弱的水泥为宜。②组织试验,经过优化后确定合适的配合比。为改善混凝土的工程性能,采取降低水灰比、掺入粉煤灰等方法。③在现场搭设遮阳棚,削弱阳光照射,避免混凝土的温度异常偏高。④混凝土浇筑后,及时安排养生,在此期间采取覆盖、洒水措施,使混凝土表面保持湿润,将温度稳定在合理的区间内,在温湿度均良好的条件下有效成形。⑤加强对混凝土温度的检测与控制,保证各处的温度均在许可范围内。⑥遵循随拌随用的原则,尽可能缩短混凝土出厂后至浇筑前的间歇时间,否则将由于时间的延长而削弱混凝土的性能,将此类混凝土投入使用后,也有可能出现裂缝。

第三节　裂缝的修补

一、桥梁混凝土裂缝修补技术

（一）混凝土裂缝表面修复技术

1. 对于宽度小于 0.2 mm 的裂缝,我们可以采用表面封闭技术进行修复。首先,需要清扫干净裂缝周围 80~100 mm 的范围内的杂物,然后对暴露的混凝土基面进行打磨处理。接下来,进行烘烤预热,以提高封闭材料的黏结效果。最后,使用刮刀将封闭材料均匀涂抹在裂缝表面,或者选择渗透性较好的修补胶液进行填充。

2. 对于宽度在 0.1~1.5 mm 之间的裂缝,我们可以采用静压注射法进行修复。首先,将裂缝处理成 V 形槽,然后进行清缝处理,以确保裂缝内部的干净整洁。接着,将注射器底座使用环氧胶泥进行埋设粘贴,并进行密封检查。最后,安装注射器,在裂缝中注入裂缝修补胶液,以达到填充和固定的目的。

3. 对于宽度大于 0.5 mm 的裂缝,我们建议采用填充密封的方式进行修复。首先,沿着混凝土构件表面,使用凿子凿出 U 形沟槽。然后,对沟槽进行清理,并填充环氧树脂材料。最后,应用玻璃纤维布对裂缝表面进行封闭,以增强修复效果和延长使用寿命。

(二)桥梁结构混凝土裂缝加固技术

如果混凝土开裂问题严重,承载能力不能满足通车安全的基本要求,需要加固处理。尤其是对于荷载裂缝有如下加固方式:

(1)在梁体、桥墩等部位应用外包钢加固技术,原混凝土构件与型钢共同承受荷载。以型钢包裹加固,达到提高荷载的目的。这种方法效果好、工程量少。

(2)加大截面加固,是将原有桥梁混凝土的结构截面积加大,利用钢筋网砂浆层,或者钢筋混凝土,提升承载能力。这种方式施工作业周期长,施工工艺较简单。

(3)预应力加固技术,利用预应力产生的反弯矩,抵消外荷载在桥梁结构的内力,通过在梁体外部,施工梁体预应力,提升承载能力。

（4）锚栓-钢板加固技术,此方法对承重结构加固改造很适用,利用高强螺栓、锚栓、铆钉等,形成共同的受力整体,提高承载能力。

（5）改变受力体系,主要是采用托梁拔柱的方法,或者在桥梁的梁体上增加支点、托架、桥柱等,减少桥梁梁体的挠度,防止裂缝的发展。

二、桥梁混凝土裂缝防控养护措施

（一）温度裂缝预防措施

控制好温度是防止温度裂缝的主要措施。温度裂缝与混凝土用量、品种等有密切关系,混凝土水化热越高,用量越大,内部温度越高,应力越大。可以适当掺加粉煤灰、外加剂来控制温度裂缝。在满足设计条件的前提下,适量掺入粉煤灰可以降低水化热,避免绝热条件下的温升,提升混凝土的抗裂能力。外加剂可以进一步降低水化热,降低裂缝风险。外加剂有分散作用、减水作用,延缓放热峰出现时间。为防止温度裂缝,也可以控制混凝土浇筑温度,出机温度。每立方米中,比重最大的是石子,可以降低石子温度。如果施工中的温度比较高,可以在砂石场地搭建遮阳棚,避免阳光直射,或者向集料洒水,降低温度。

（二）荷载裂缝防治措施

如果荷载裂缝超过 0.3 mm,就会严重威胁桥梁结构的安全性。荷载裂缝的危害较大,需要作为防治的重点。荷载裂缝的防治,首先可以使用合理的分块模式。可以设置水平施工缝进行分块。在上部结构整体进行现浇施工时,要保证钢筋受力均匀,注意横向受力筋分布情况。其次,要合理布置钢筋。密集布筋,尽量选择小直径的钢筋,控制间距。结构边缘处施工,可以设置钢筋网片,加强布置。高大构件施工时,抗剪切钢筋需要满足施工要求。另外,在设计过程中,要控制保护层厚度,避免钢筋出现腐蚀,可以加入适量的外加剂,提高混凝土的耐久性。最后,要合理确定设计荷载,通过模拟回归、动静态概率核算等,控制荷载的范围,注意禁止重型车辆过桥,防止出现裂缝。

(三)缩裂缝防治措施

为了防止混凝土出现收缩裂缝,我们通常需要控制混凝土的单位用水量。适当降低水灰比至 0.6 以下,并确保单位用水量不超过 170 kg/m³。这样,可以有效降低混凝土的收缩性能,从而避免裂缝的产生。首先在满足建筑要求的前提下,我们可以适当减少混凝土的坍落度。这样,不仅可以提高混凝土的整体性能,还可以降低收缩裂缝的发生概率。其次采用"双掺"技术也是一种有效的防止收缩裂缝的方法。通过同时使用减水剂和分散剂等外加剂,可以提高混凝土的性能,进一步降低收缩裂缝的风险。最后,选择减水效率高、分散性能好的外加剂,有助于降低混凝土的用水量。这样可以提高混凝土的强度和耐久性,减少收缩裂缝的发生。另外,还可以使用火山灰、硅藻土等掺合料来改善混凝土的性能。这些材料可以与外加剂联用,提高混凝土的干燥收缩性能,从而有效防止收缩裂缝的产生。

(四)现浇梁施工控制

1. 在桥梁施工过程中,加强振捣操作,合理控制混凝土的水灰含量,确保混凝土的紧密度。同时,严格限制含氯盐外加剂的使用,防止钢筋腐蚀引发的裂缝问题。在高温条件下进行混凝土浇筑时,应确保浇筑厚度不超过 500 mm。为了降低浇筑温度,可以采取冷处理措施。调整混凝土的配比,减少水泥使用量,或在干硬性混凝土中掺入引气剂或塑化剂。此外,需要通过试验来验证膨胀剂的品种和合适的掺入量。

2. 在第一层混凝土初凝之前,应开始进行第二层混凝土的浇筑。根据混凝土浇筑的面积,在混凝土的上、中、下部分安装温度测量装置,定期测量并记录数据,以保证混凝土内外温差不超过 25 ℃。如果发现温差过大,应及时采取养护措施。

3. 在选择施工材料时,要严格把关。特别是钢铁材料,需要确保其强度和硬度满足要求,同时注意检查其外观,并保证有充足的数量供应。这样,才能确保桥梁施工的质量和安全。

(五)严格执行质量管理制度

在桥梁施工过程中,要严格执行各项制度,加强监督管理。完善日常检查制度,定期及不定期检查内业资料、外业操作、仪器设备等。每次现场检查审核人员都要形成考核报告,贯彻落实质量验收制度,质量控制小组加强监督,完善交底制度,质量、技术负责人在开展每项工作前,需要进行安全措施、质量标准、工序流程、技术要求等交底,完善例会制度,定期开展质量分析会,由项目负责人组织,每周举行,分析本周施工中的问题,质量管理控制方案等。贯彻实施各项质量管理制度,降低混凝土裂缝的风险,保证工程的质量。

第六章　危桥提高标准的技术改造

第一节　桥梁的拼宽

一、桩式墩台,一般仍用钢筋混凝土桩拼宽,新老盖梁连成一体

桩式墩台根据桩的受力情况可以分为支承桩和摩擦桩。支承桩墩台的特点是桩身直接支承在坚实的土层或岩石地基上,因此不会出现新老墩台的不均匀沉降问题。对于摩擦桩墩台,为了减小新老墩台之间的沉降差异,新拼宽的桩需要加深入土深度。同时,新加宽桩的入土深度应不少于老桩的入土深度。针对原排架桩打入的土层情况,新拼宽桩的处理方式也有所不同。如果原排架桩打到岩层和沙砾石层,新拼宽的桩也需要打入这些层位,并且应适当加深打入沙砾石层的深度,以防新打桩的沉降。而如果原排架桩仅打到黏土和砂土等较松软土层,新加桩应通过桩承载力的计算来确定新加桩比老桩加长的入土深度,从而避免新老桩间出现大的沉降差异。当新老排架桩的盖梁连接在一起后,由于新旧桩沉降的协调处理,可以有效防止因施工后沉降不同而导致的盖梁损坏和折断。这样的设计理念既保证了桥梁结构的安全稳定,又降低了桥梁的维护成本。

二、重力式墩台,用重力式拼宽

当原有重力式墩台修建在岩石或较为密实的土基上时,拼宽时可仍用重力式拼宽,使新老墩台结构一致。拼宽重力式墩台,必须使新老墩台连成整体,避免因地基沉陷不同,在新老墩台的连接部位脱开。建在岩石地基上的墩台是不成问题的,问题是建在沙砾或松软土基上的墩台,必须对地基做相应的处理。处理方法,凡有冲刷的砂砾石河床,应按规范要求将基础埋置在冲刷线以下的一定深度内,且较老墩台基础的埋置深度要深些,以防不均匀沉陷;如为软土地基,不论老墩台地基有无处理,新拼宽部分的地基应该加深基础埋置深度,或者同时采用换土、夯填片石、混凝土短桩密植打入的方法,以挤实土基,提高承载能力,减少地基土层的沉陷值。

软土地基采用混凝土桩或石桩、短桩密植打入,以提高土基承载能力的方法,是一个值得研究的问题。

我国东部沿海平原地区,黏土或黏土质淤泥土层大都很厚,土基承载能力很小,一般仅有 0.05～0.10 MPa,与基桩的摩阻力也很低,不宜采用夯实法,采用长基桩效果也不好,而且当土基的软土层发生剪切滑动时,基桩也同样被破坏折断;采用砂桩、换土等处理方法,也由于在原墩台旁边挖得过深,将加剧老桥的沉陷和危险性,故也不宜采用。

三、重力式墩台,采用桩式结构拼宽

当原有桥梁河水较深,桥台伸入河中较多,水深土基软弱,如采用重力式结构拼宽墩台,则土基的处理和基础抽水施工都较困难,工程造价也很高,从施工方便和较为经济实用考虑,可采用排架式桩拼宽原来的重力式墩台。大中型桥梁,一般一边采用两根排架桩,并将新拼宽部分的盖梁与老桥墩台帽连成一体,以增加整体性和稳定性。基桩的入土深度应经过试验计算,确保新拼宽部分的桥梁,在行车后不出现大的沉降,使新老桥梁共同受力,横向荷载分布合理,行车安全可靠。

桥台的拼宽,由于原桥台多为八字形翼墙或砌有锥形护坡,如按原桥梁的桥面长度拼宽,往往使桥面与路堤间形成缺口,因此,必须加大岸孔的桥面跨度,即在原桥台的两侧靠岸边设置拼宽的排架桩,使新加宽部分的桥面跨度较原桥面跨度为大,新加宽的部分桥梁能直接与路堤相连接;或者在岸墩后面增加一小跨径引桥,使与路堤直接相连接。拼宽的排架桩可采用打入式,也可采用钻孔灌注桩,视施工机具配备方便而定。

四、拱式桥梁,采用拱式结构拼宽

拱式桥梁有板拱、箱形拱、双曲拱、钢架拱、桁架拱等不同的结构型式。各种结构的拱桥,都可采用相同的结构型式拼宽原桥,以保持结构一致和协调美观。拱式桥梁的拼宽比梁式桥拼宽难度要大,技术性比较复杂,主要由于:

1.拱式桥梁,特别是跨度较大的拱桥,由于桥梁技术改造需要拼宽的桥面宽度,大都在五或六米以内,容易因宽跨比过小造成横向稳定问题。因此新老桥梁之间必须加强连接,连成整体,而拱桥又为悬空细长构件,连成整体困难较大。

2.拱式桥梁恒重很大,原有墩台经多年通车地基已经基本稳定,但新拼宽部分的墩台地基将不可避免地要出现较大的沉陷,使新老基础沉陷不一,引起新老拱桥互相脱开,荷载横向分布条件较差,不能共同承受荷载,将给新拼宽的拱桥带来一系列不利因素,引起损坏。

3. 拱桥的受力情况较为复杂,新老桥的结构强度和刚度不可能完全一致,行车作用下将发生不同的变形和损坏。

第二节　桥梁承载能力的提高

一、对简支板梁桥,加厚桥面板或在行车道范围内新浇承载能力较高的桥面板

原有钢筋混凝土板梁桥面承载能力不够,可将原桥面混凝土铺装层凿除,加厚钢筋混凝土桥面板,增加桥面板的截面面积,提高桥面板抗弯刚度,以提高桥面的承载能力。

二、简支 T 梁桥面,采用体外预应力拉杆加强法

T 梁桥面用体外预应力拉杆加强,是近年发展起来的,上海市使用得较多。方法为在 T 梁的底部两侧加设受拉力的预应力杆,两端锚固在梁的两端,以增加 T 梁的承受抗弯力矩能力。预应力杆件加在受拉区的下缘,故成效显著。

在提高原有 T 梁桥面部分承载能力之后,再行拼宽预制钢筋混凝土 T 梁的加宽部分桥面,最后新老桥面一起浇筑钢筋混凝土桥面铺装层,使新老桥面连成整体,横向分布合理,共同承担桥面的荷载。

三、石拱桥,采用增加拱圈厚度法

我国修建石拱桥有悠久的历史,能工巧匠多,早在隋朝就修筑有赵州安济石拱桥,直到现在仍然完好,可以通行汽车。我国公路上修建的石拱桥很多,由于石拱桥承载能力很大,潜力也大,使用多

年大都仍然完好,提高标准后完全可以利用,不需要任何加固措施,只要将之加宽到标准要求就可以了。少数石拱桥,由于拱圈厚度过薄,按照中小跨径石拱桥拱圈厚度经验公式核算和经静载试验,确认原桥拱圈厚度过薄、承载能力不够提高标准要求的,可采用加厚原拱圈的方法加固;或者拆除原桥拱圈结构,利用墩台改建为钢筋混凝土梁式桥面。

加厚拱圈的方法,可在原拱圈的拱背上加厚,也可在原拱圈的拱腹下加厚,应视桥梁的高度和桥下搭设支架的难易,以及可否容许施工期间临时中断交通等情况而采用。加厚拱圈要把原拱圈表面松动的碎片石和砂浆凿除,用水清洗干净,然后紧贴原拱圈浇筑混凝土或钢筋混凝土加厚层,加厚至拱圈的设计厚度,重新砌筑新护拱,做好新老拱圈的结合,以提高拱桥的承载能力。当然从理论上分析,新老拱圈完全理想地结合成一体很困难,加厚层与原拱圈不仅模量有差异,而且大跨径拱圈新浇混凝土也有收缩和徐变问题。不过加厚拱圈后,安全度提高,采用近似计算方法是完全允许的。

加厚拱圈,新老拱圈必须连成整体,才能使新老拱圈共同受力,起到提高承载能力的作用。一般在原拱圈背上加厚,施工方便,比较容易保证新老拱圈连成整体。如在原拱圈的拱腹下加厚,施工比较困难,模板支架必须坚实,保证加厚的拱圈厚度达到设计要求。为使新老拱圈更好地连成一体,加厚前应将原拱圈腹下表面凿毛,并隔一定间距凿洞预埋锚杆,锚杆下端设置钢筋网,浇筑在新加厚的拱圈层内,使新老拱圈连成整体,共同承受荷载。

加厚拱圈时,一个值得研究和重视的问题是,一般老石拱桥的拱圈都存在一定程度的变形,拱顶下沉开裂,严重的 1/4 跨径处向上突起,造成实际拱轴线与压力线偏离,截面偏心距增大,拱圈截面压应力超过极限,使拱脚段拱圈开裂压碎,降低了原拱桥的承载能力。因此,在进行拱桥的加固设计时,我们需要尽力减轻拱上建筑,以便在加厚拱圈时,能够弥补新增加的拱桥恒载。对于那些非岩石地基的石拱桥,我们应遵循一个基本原则,即加厚拱圈所增加的恒载重量应小于改建时拱上建筑所减轻的重量。在具体操作过程中,我们建议在加厚时适当加厚拱脚段的拱圈厚度。这样,在加厚拱圈之后,拱桥的拱轴线型和受力情况就能够得到调整,从而更好地提高拱桥的承载能力。这样的设计方法既考虑了拱桥的恒载问题,又兼顾了拱桥的受力性能,是一种科学且合理的设计思路。

如老石拱桥已经严重风化损坏,或者双曲拱桥设计标准很低,拱圈无法加强时,则可拆除老桥的拱上建筑和拱圈,利用原有墩台,在上修建钢筋混凝土梁式桥。

拱桥的墩台承载能力较大,土基稳定后相应提高了墩台的承载能力,虽加厚拱圈增加了一些自重,一般仍然可以承受得了。对拆除原有拱圈改建为梁式桥的拱式桥,由于桥梁上部结构比原石拱桥大为减轻,墩台承载能力更无问题,改建后既减小了自重,又能提高全桥的承载能力。

四、改变桥梁结构受力体系,提高承载能力

桥梁根据其主要承重构件的受力体系,可以分为梁式桥、拱式桥、刚架桥、吊桥以及组合体系桥等。在改造原有桥梁时,我们主要采用改变桥梁结构受力体系的方法,通过增加受力构件以及技术改造,使得桥梁的结构体系和受力状况发生变化,从而达到提高其承载能力的目的。目前,在改变桥梁结构受力体系的方法中,使用较为广泛的有以下两种:其一,将简支梁桥通过加设支撑,改变其受力体系,从而使其变为连续梁桥。这种方法既增强了桥梁的稳定

性,又提高了其承载能力。其二,将拱式桥通过利用双曲拱桥的主拱圈,进行改建,使其成为刚架拱桥或桁架拱桥。这种方法不仅改变了桥梁的受力体系,也提升了桥梁的承载能力和稳定性。

1.简支梁桥承载能力不够,在梁底设置支撑,改变桥梁结构受力体系,将简支梁改变成为连续梁桥,以减小荷载作用下的跨中弯矩,提高桥梁承载能力。

采用加设支撑法提高桥梁的承载能力,过去常用于解决重车过桥,效果显著且加固费用较省。但是在梁底增设支撑后,简支梁变成了连续梁,受力体系起了变化,在支撑处的梁顶部将产生负弯矩,使桥面在此开裂损坏。所以,在采用加支撑方法时,应计算设支撑处梁顶的负弯矩,必要时应将支撑处的梁顶凿开,增设承受负弯矩的拉力钢筋,再在全桥面铺筑新的桥面铺装层。

2.双曲拱桥原设计载重不够时,拆除拱上建筑,利用主拱圈改建为刚架拱桥或桁架拱桥,以提高桥梁的刚度和承载能力。

双曲拱桥改建为桁架拱桥,拆除拱上建筑时,应保留立柱脚钢筋,使桁架节点用以固定在主拱圈上,使上下部桁架连成一整体。当原拱圈损坏较大,立柱又无钢筋,改建桁架拱有困难时,可以改建为刚架拱桥。

第三节 云南危桥改造实例

伴随着公路桥梁使用时间的增加以及使用频率的提高,部分公路桥梁老化情况加重。作为公路重要的组成部分,桥梁的养护以及改造工作具有重要的作用,通过科学、合理、全面的养护及改造工作,能切实保证交通运输正常运转。因此,必须对危桥实施加固改造,解决公路桥梁老化问题,避免由于危桥没有及时改造和加固所导致的交通安全事故。

一、云南省 S227 线元西公路桥梁

（一）工程概况

云南省 S227 线元西公路楚雄州境内元谋至双柏段 K9+087 处，起讫桩号为 K9+013.96-K9+160.04，全长 146.08 m，采用连续 T 梁结构，7 孔一联，全桥共设置一联。随着使用时间的延长，桥梁逐步显现出质量问题，需组织加固处理工作，改善桥梁的通行状态。

（二）桥梁的主要病害

1. 上部结构的病害

2-1 号 T 形梁的左右两侧都存在一条竖向裂缝，这些裂缝分布对称，这是我们需要关注的第一点。这些裂缝的最大宽度为 0.10 mm，离梁底最近的地方大约只有 1 cm。这是我们对梁体质量的第二个关注点。另外，我们发现 T 梁的局部结构缺乏密实性，比如存在麻面和丰富的气孔，这是我们对梁体质量的第三个关注点。然而，令人欣慰的是，支座并未显示出质量问题，其结构完整，可以正常使用，这是对梁体质量的最后一个关注点。

2. 下部结构的病害

（1）由于桥面渗漏水的影响，0 号和 3 号台帽出现了质量问题，其表面出现了青苔，部分区域出现了明显的碳化腐蚀。然而，除了这两个台帽外，其他的墩、台及基础都相对完整，没有出现病害，可以正常使用。

（2）在 0 号桥台前，我们可以看到滑塌的痕迹。这些滑塌物主

要集中在 1 号墩的位置,同时在 0 号桥台前的坡面处也存在一些堆积物。

（3）1 号墩和 2 号墩之间形成了一个规模较大的冲沟,这导致了明显的冲刷破坏现象。此外,坡体上的土石方有明显的堆积,这使得岩土体的稳定性变差。在强降雨天气中,由于降雨的冲刷作用,可能会发生泥石流地质灾害。

（4）3 号台的边沟排水会对前台的土体产生较强的冲刷作用,这可能会导致新的冲沟的形成。因此,对于这个问题,我们需要采取相应的措施来进行改善。

3. 桥面系的病害

（1）2 号伸缩缝处的质量问题主要表现为防水胶条的受损。

（2）护墙的质量问题集中发生在护墙内侧面,具体表现为 4% 的竖向钢筋局部锈胀,钢筋的性能优势受到抑制。

（三）腹板竖向裂缝的成因

经过现场详细检查,我们发现 T 形梁的腹板存在一条对称的竖向裂缝。这条裂缝主要集中在 T 形梁的跨中周边区域,其宽度为 0.10 mm,长度为 161~169 cm。为了找出腹板竖向裂缝的形成原因,我们结合现场情况进行了推测,主要考虑了以下几个方面。

首先,混凝土制备时未控制好水泥的用量,导致水化热偏高,形成拉应力。其次,养护期间未对温度采取控制措施,使得内外部的温差过大,形成拉应力。另外,在脱模剂刷涂结束后,未随即组织混凝土浇筑作业,两项工作的间隔时间过长,拆模后 T 形梁马蹄底部与台座接触面摩阻力较大,在该受力条件下导致早期预制梁无法顺畅地实现自由伸长（受到抑制）,此时也将形成拉应力。此外,混凝土浇筑后,夜间温度骤降,其内外部的温度差异较大,在此条件下也容易形成拉应力。最后 T 形梁安装到位后,台座的多点支承状态不复存在,此时转为两点支承,迫使边界条件出现改变。部分梁片在预应力张拉时混凝土的龄期未满足要求(时间偏短),由此产生较明显的收缩徐变现象,导致预应力损失量增加。受此影响,预应力钢束的永存应力明显降低,加之外部车辆荷载的持续作用,较大程度地影响到腹板结构,使该处原有的竖向裂缝逐步扩宽。

(四)T 形梁的加固技术

根据竖向裂缝的宽度采取处理措施,宽度在 0.1 mm 以内时,仅对裂缝部位修补即可,作业难度较小;宽度达到 0.1 mm 及以上时,较为适宜的是低压渗透注浆法。此外,对于存在病害的 T 形梁,在处理时对马蹄底面与侧面张拉纵向预应力碳纤维板,作用在于可增加梁体跨中截面承载能力安全储备,在抑制裂缝发展方面具有较好的应用效果。

1. T 形梁加固方法的设计

(1)复核计算,确定原设计结构的实际特点,主要体现在强度、刚度及抗裂性 3 个方面。

(2)以桥梁外观检测结果为主要参考,综合考虑裂缝宽度以及技术评定结果,基于所掌握的数据展开推算,确定 T 形梁的预应力损失,在此基础上考虑结构检算系数、活载修正系数及结构分项折减系数,确保各项指标均具有合理性。

(3)经过计算分析后,确定腹板竖向裂缝的加固改造措施,即采取的是张拉预应力碳纤维板的方式。

2. 计算参数

(1)混凝土容重取 $\gamma = 26$ kN/m,防撞护墙重量按线荷载分别加载于两侧边梁,并考虑了横向偏心影响。

(2)桥面铺装沥青混凝土层厚度为 10.0 cm,非线性温度峰值作用位置为裸梁顶面,温度梯度正温差 T=14 ℃;负温差 T=−7 ℃。

(五)公路桥梁养护管理的问题及对策

1. 主要问题

(1)工作人员对养护管理的理解存在误区,部分员工认为养护工作无关紧要,忽视了其重要性。由于养护管理工作未能定期进行或实际效果未达到预期,桥梁的老化问题加剧,质量和安全隐患也因此被埋下。

(2)养护管理工作的水平仍有很大的提升空间。桥梁病害类型繁多,且各种病害的程度各异,因此,我们需要根据病害的实际情况采取相应的处理措施。对于 1 类桥梁,只需做好日常养护工作即可;2 类桥梁需要进行适当的小修,以阻止病害的发展;3 类桥梁需要采取中修措施,并在作业期间加强交通管制,以免外部因素对养护工作造成不良影响;4 类桥梁则需要采取大修或改造措施,并根据实际情况决定是否关闭交通。然而,部分桥梁工程的养护工作并未按照要求进行,技术存在滞后性。

(3)养护管理队伍的综合能力参差不齐。部分工作人员的技术基础较为薄弱,难以对病害进行详细分析,对病害类型、程度以及成因的掌握程度不足,各类数据的记录也不完善。在这些情况下,养护工作难以高效开展,或者所采取的方法与实际病害不匹配,导致养护效果较差,难以充分发挥出养护工作在提高桥梁质量方面的作用。

2. 主要对策

(1)提高养护管理工作人员的业务水平。践行"预防为主、防治结合"的基本理念,加强工作人员对养护管理的重视程度,定期组织培训,使员工可以在夯实既有技术基础的同时掌握行业的先进技术,更加高效地将养护工作落实到位。此外,配套先进的养护设备,给养护工作的开展提供硬件支撑。

(2)切实做好预防性管理工作。防护是规避病害的重要途径,应当定期检查,详细分析公路桥梁的质量情况,若发现其存在细微的问题,则及时予以修复,尽可能阻止裂缝等病害的发展。对此,应建立动态化工作机制,将预防性管理覆盖至公路桥梁使用全过程中,定期开展工作,根据所掌握的公路桥梁病害信息采取维护措施,同时预测后续可能出现的病害,在源头上进行防治。在该工作方式下,一方面可以确保公路桥梁始终维持相对稳定的使用状态,另一方面则有利于减轻后期的养护管理工作压力,使公路桥梁的质量满足要求,有效提高公路桥梁的综合服务水平。

二、云南省者整大桥

者整大桥位于 G323 线(瑞金–清水河)K2433+666 处,于 1992 年 12 月建成通车,2021 年经检测单位检测发现该桥上部 T 梁大面积出现竖向裂缝,部分裂缝贯通梁底形成"U"形裂缝,总体评定为 4 类桥,属于危桥,须对该桥进行改造。从进场开始,普洱公路局、监理单位、施工单位均把该桥作为工作的重点,齐抓共管,确保该桥的施工按照预定目标完成。

者整大桥原桥为 5×20 m 普通钢筋混凝土 T 形梁,桥梁全长 119.92 m,桥面总宽 8.1 m。随着交通量的增大,过往重车的增多,桥梁出现多处病害。

(一)改造设计方案

本桥设计方案为拆除原有桥梁,在原址重建,桥梁布置为 4×25 mT 形简支梁桥,桥梁桥面全宽 10.1 m,净宽 9 m(起点接马家园村街道,街道宽 10 m),全桥总长 119.92 m。全桥共 1 联,桥墩为柱式墩(D=1.4 m)+桩基础(D=1.6 m),桩基按摩擦桩设计,采用单排桩,每墩 2 棵,桩长 20~21 m,C30 水下混凝土,墩柱高 3~7 m。上部结构采用预应力混凝土简支 T 梁,每跨 5 片梁,共 20 片,T 梁预制高度 1.7 m,C50 混凝土,厚 10 cm 桥面铺装+厚 10 cm 沥青混凝土,共两道 FD-80 型伸缩缝,两侧 110 cm 高 C35 钢筋混凝土护栏。

(二)施工准备工作

1. 场地布置

租用练地公路管理所和当地民房,包括住房、办公室、试验室、库房等。钢筋制作场地在预制场。

2. 临时道路

全封闭施工,场内跨河采用贝雷架搭建栈桥一座,用于场内通行。社会车辆绕行高速公路或绕行和平镇。

3. 供水

该桥横跨者东河,河水供应钻孔桩用水及混凝土养护用水。

4. 供电

驻地用电采用网络电,施工用电采用发电机供电。

5. 拌和站建设

采用商品混凝土,无须自建拌和站。

（三）施工方法及工艺技术方案

1. 施工测量

在已复核原设计控制点无误的基础上，按施工技术规范规定和要求利用设计网，对控制点进行加密并布设全桥施工测量三角控制网，等级为二级小三角网。

施工放样测量：

（1）基桩根据桥位控制桩和设计尺寸，用全站仪定出桩基中心线位置，标高通过护筒顶标高来控制。

（2）墩柱用水准仪和安装时钢模高度控制。

（3）系梁用水准仪和安装时钢模高度控制。

（4）盖梁顶标高通过模板高度控制。

（5）桥面铺装采取在安全带上画线方法和水准仪反复测量控制。

2. 下部构造施工方法

钻孔灌注桩施工：

（1）河床地质条件复杂，由上至下分别为卵石层、中风化泥岩砂岩互层以及弱风化泥岩砂岩互层。为保证施工安全，防止孔壁塌陷，施工过程中采用了 2 米高的钢护筒。护筒应与桩的中心线保持重合，以确保其发挥预期防护作用。在钻进过程中，需定期检查护筒是否发生偏移或下沉，一旦发现这些问题，应及时采取措施进行处理。通过这种方式，可以确保施工过程的安全和顺利进行，避免因地质条件复杂导致的施工风险。

（2）设置泥浆池和沉淀池，满足护壁和环境保护的需要。

（3）在钻机准确安装并稳定就位后，其底座和顶端都应保持平稳。在钻进过程中,任何位移或沉陷都应及时处理,以保证钻孔的顺利进行。在钻孔过程中,施工人员需要随时填写相关的施工记录,对地层的变化保持警惕。在地层发生变化的地方,应采取措施捞取渣样,对样本进行判明后,将结果记录在表格中,并和地质剖面图进行比对,以便更准确地了解地层情况。当钻孔达到设计标高后,应对成孔的孔径和成孔质量按照检验评定标准进行检测,以确保成孔质量满足设计要求。

(4)在钻孔深度达到设计标高后,我们进行清孔操作。首先,对孔深和孔径进行检查,确保它们满足设计要求。为了保证清孔效果,采用换浆法进行清孔。在清孔过程中,需始终保持孔内原有水头高度,防止坍孔现象的发生。清孔完成后,应进行实际测量,包括孔深和沉淀土厚度的测定,以确保它们符合规定标准。同时还会检查孔径和倾斜情况,确保它们满足设计要求。此外,我们还要关注泥浆的性能,确保其满足性能指标要求,从而保证整个钻孔过程的顺利进行。

(5)验孔。预先采用 $\varphi22$,间距为 20 cm,焊好直径为 1.52 m,长度为 6 m 的清孔器,在安装钢筋笼前,用吊车将检孔器吊入孔内进行验孔。

(6)制作钢筋笼时按设计要求在钢筋笼上安装声测管,用于浇筑后的桩基质量检测。钢筋笼入孔后必须固定在护筒上,防止上浮或下沉。应在灌入混凝土前,再次检验孔内泥浆性能指标和孔内沉淀层厚度。

(7)水下砼的灌注主要采用导管法。在使用导管前,必须对其进行严格的水密承压和接头抗拉试验,以确保其密封性。试验时所采用的水压不能小于孔内水深的 1.3 倍,同时也不能小于导管壁和焊缝可能承受的最大灌注混凝土内压力的 1.3 倍。在吊装导管入孔时,需要确保其位置居中。水下砼的水灰比应在 0.45~0.55 之间,坍落度应为 20±2 cm,并通过试验确定是否需要掺入少量的缓凝剂,以保证初凝时间不小于 6 小时。

混凝土的灌注工作则由吊车和人工共同完成。在灌注首批砼时,需要控制导管下口至孔底的距离在 25~40 cm 之间,同时导管埋入砼的深度不能小于 1 m。在灌注过程中,应经常检查砼面位置,及时调整导管埋深,以控制在 2~6 m 的范围内。

(8)砼浇筑过程中,按规定提取砼试样,按桩的长度和直径不同每根灌注桩应有 4 组试件,测砼强度。

(9)桩的检验:桩基施工完毕,按照监理工程师的要求,采用无损检测法对钻孔桩进行检验。

系梁的施工:

桩基经过无损检测法检验合格后,进行墩柱底系梁的施工:

(1)平整浇筑底模:采用全站仪放出桩基中心线,然后按图纸放出墩柱底系梁的边线并浇筑 10 cm 厚的底模。底模宽度应大于系梁宽度 20 cm。

(2)钢筋加工与安装:按设计图纸制作和安装钢筋。

(3)架设侧模:钢筋绑扎好后,按设计图纸宽度架设侧模。

(4)浇筑混凝土:模板架设完毕后,经自检合格,报经监理工程师检查认可后,才能进行砼浇筑。

(5)拆除模板、养生:养生 24 小时后方可拆除模板。洒水养生至少保持 7 天。

(6)中系梁架设底模:采用全站仪放出墩柱中心线,采用贝雷片拼成的钢横梁,通过墩身预埋件固定于墩身的两侧来承担系梁的施工荷载,然后在钢横梁顶铺设型钢安装系梁模板及钢筋。

墩柱和盖梁施工:

（1）墩柱施工

本桥桥墩均为圆柱式墩。施工采用搭脚手架,吊车配合人工的施工方法施工。墩身模板采用定型加工的钢模,现场立模,砼运输车运送至施工点后吊车配合入模施工的方法施工。

（2）盖梁施工

本桥盖梁设计均为普通钢筋砼结构。采用贝雷片拼成的钢横梁,通过墩身预埋件固定于墩身的两侧来承担盖梁及其他施工荷载,然后在钢横梁顶铺设型钢、安装盖梁模板及钢筋,考虑到贝雷桁架受荷载作用下挠度较大的情况,需适当设置预拱度。盖梁模板采用大块钢模(每块面积不小于 2 m²)。模板、钢筋安装完毕并经监理工程师检查合格后方可浇注砼。砼采用砼运输车运送至施工点后吊车配合入模,插入式振捣器分层振捣密实施工。拆模后应用薄膜包裹养生。

3. 上部构造施工方法

（1）预制场的布置

根据规范及设计要求,结合现场的实际情况,预制场设 6 个底座,分 2 排对称布设。底座宽与 T 梁底部等宽;长度比 T 梁长约 1 m,便于安装端模板;高约 40 cm,便于模板的安装与拆卸。底座顶两侧采用 40 槽钢固定,两端部约 1.0 m 处预留 30 cm 吊装孔,底座采用不低于 C30 混凝土浇筑。底座顶面平铺 5 mm 厚钢板。底座基础采用扩大基础,厚约 50~80 cm,两底座中间预留吊车或砼运输车和模板装拆宽度。整个预制场全部硬化。

（2）模板的制作安装

模板采用定型钢模板,制作好后必须经过现场试拼,符合要求后方可使用,模板的规格尺寸要符合梁板断面尺寸的要求。根据底座数量,考虑模板的周转使用情况,共配置 1.5 套模板(中梁模板 1 套,边梁 0.5 套),在施工过程中由模板工班专门负责安装拆除模板。

(3)钢筋的制作、安装

①钢筋安装必须严格按设计图纸及规范进行,并与模板间用垫块保证保护层厚度。

②预应力管道安装位置一定准确,平面不得大于±1 cm,竖向不得大于±0.5 cm,并用定位筋固定。

(4)模板的安装

模板应打光磨平并涂刷脱模剂。模板接缝应做认真处理,避免漏浆。模板安装后必须支撑、锁紧牢固。翼缘梳子板必须在内侧用薄形板遮挡,预防漏浆。

(5)T 梁预应力张拉

①预应力张拉时,应同时满足混凝土强度达到90%设计值,弹性模量达到90%设计值且养护期不小于7d 的条件,张拉时间通过试验确定。

②预应力张拉应采用自动化、智能化预应力张拉的施工技术,以保证预应力张拉效果达到设计的要求。

③张拉前应对张拉设备进行校验。

④张拉应两端同时张拉。

⑤为保证主梁预应力钢束张拉质量,实行张拉吨位和引伸量双控,且需两端同时张拉,以张拉吨位为主,引伸量误差应控制在+6%范围内,实际引伸量值应扣除钢束的非弹性变形影响。

⑥张拉数据的计算

6 股钢绞线理论伸长量:

$$\Delta LL = PPLAPEP = \frac{(24920 * 1163 * 1000)}{(195000 * 139 * 6)} \approx 178 \text{ mm} = 17.8 \text{ cm}$$

张拉各阶段的张拉力及对应的油表控制读数,钢绞线伸长量计算根据千斤顶的标定结果公式进行计算。

⑦张拉

钢束的张拉过程需要遵循一定的顺序,首先进行的是 N2 的张拉,将其拉伸至控制力的 100%,然后是 N3 左的张拉,同样拉伸至控制力的 100%。接着是 N4 左的张拉,这次只需拉伸至控制力的 50%。然后是 N4 右的张拉,将其拉伸至控制力的 100%,之后是 N4 左的张拉,也需拉伸至控制力的 100%。最后是 N1 的张拉,同样拉伸至控制力的 100%。

⑧滑丝及断丝的处理

首先,我们需要将千斤顶按照张拉状态进行装配,并将钢丝在夹盘内楔紧。然后,将一端进行张拉操作,此时,当钢丝受到拉伸力时,锚塞会被稍稍带出。在这个时候,我们需要立即使用钢钎卡住锚塞的螺纹。钢钎可以使用 φ5 mm 的钢丝,端部磨尖制成,长度在 20 cm~30 cm 之间。然后,让主缸缓慢回油,这时,钢丝会内缩,但由于锚塞被钢钎卡住,它无法与钢丝同时内缩。接下来,让主缸再次进油,进行张拉钢丝的操作,锚塞会再次被带出。此时,我们再次使用钢钎卡住锚塞,并让主缸回油。这个过程需要反复进行,直到锚塞完全退出为止。最后,我们拉出钢丝束,更换新的钢丝束和锚具,以保证张拉过程的正常进行。这就是整个张拉锚塞的操作过程,需要严格按照步骤进行,以确保操作的安全和有效性。

4. 湿接缝及桥面系

T 梁架设完毕后,应随即开始浇注横隔板和翼板湿接缝,浇注桥面混凝土现浇层、浇筑护栏等。桥面铺装应符合路面的要求,其强度、厚度、平整度、横坡、抗滑构造深度均应符合要求。施工组织安排时应考虑各个工序的衔接。

三、云南开远市农村公路玉带桥

(一)工程概况

以危桥改造工程项目开远市农村公路玉带桥为例,该桥位于开远市大庄—马鞍底公路 K15+123 处,为实腹式圬工拱桥,实测跨径 2×7 m,桥梁总长 20 m。根据《公路桥梁技术状况评定标准》,检测评定为 4 类桥梁,为跨越大庄河而设,是大庄—马鞍底线上的重要桥梁,该桥是大庄乡与羊街乡连接的重要通道,对当地交通运输、农村经济发展起到重要作用。随着地方经济发展,该桥的全年交通量大幅增长,超重、超限车辆日益增多,桥梁运营负荷日益加重,其拱圈、拱上侧墙、桥面铺装、桥台等构件均出现了不同程度的病害。为了确保该桥的质量和安全性,对桥梁实施危桥改造加固,为促进地方经济发展,推动乡村振兴提供交通基础保障。

(二)该桥病害情况和产生原因

1. 拱顶病害情况

拱顶整体结构完好,仅存在部分灰缝脱落。原因分析:由于长年累月河水冲刷,拱圈砌缝砂浆受水侵蚀,加上汽车荷载反复作用扰动影响,导致拱圈表层灰缝逐渐松动脱落,长期如此反复作用,便可能会引起砌缝内砂浆逐渐松动脱落。

2. 拱脚病害情况

拱脚存在混凝土剥落、灰缝脱落现象。原因分析:拱脚灰缝在历经多年的风吹、河水冲刷之后,出现不同程度的灰缝脱落现象。

3.桥台病害情况

桥台基础杂草滋生、存在冲刷、并有掏空现象,原因分析:桥梁自建成后未进行过维修;砖石砌体桥台除长年受干燥、潮湿、寒暑等气候条件的影响外,还受河水冲刷,且桥台基础处杂草滋生,漂浮物等河道垃圾长期堆积。

4.桥面病害情况

桥面铺装存在磨光、脱皮、露骨及纵横裂缝现象,纵横裂缝宽度为 0.5~1.5 cm。原因分析:①磨光。铺装层被行驶的车轮所磨耗,形成平滑的状态,铺装层骨料抗磨性能差或交通量过大。②脱皮、露骨。由于施工时没有一次成型,或者由于产生裂缝后在车辆冲击的作用下,表层产生脱皮或局部破损露骨。③裂缝。桥梁开裂是由于施工期间温度变化大、车辆行驶频率高和混凝土配制不科学所产生的温度变化以及桥面或重载交通量大所致。

(三)该桥加固的技术方案

1.拱顶

在原有的桥涵内部,我们可以放置一道或几道钢波纹管涵。这些波纹管涵的顶部会与原涵使用高压泵送膨胀混凝土进行连接,通过压浆的方式对桥梁结构的裂缝进行修补,从而增强桥台和拱圈的整体性。在施工过程中,我们采用钢波钢板拱进行加固,其型号为YTHG-(650×270)-9,壁厚为 9 mm。波纹钢管的材质为 Q345,经过加工成型后,表面会进行热浸镀锌处理,单面镀锌量不小于600 g/m。波纹钢板拱形桥涵由 4~5 块波纹板搭接而成,波纹板会使用高强螺栓进行紧固,板缝和螺栓的位置会采用密封垫进行密封。波纹管的圆周向连接螺栓会采用 10.9 级 φ24 高强度螺栓,螺杆帽需要带有肋(爪)以防止松脱。在进行施工前,我们需要对原主拱圈拱腹松散、剥落的表层砂浆进行清理,并使用高压水泵对其表面用水冲洗干净,对空洞位置进行压浆抹面处理。

2. 拱脚

拱脚加固先清除基础砌缝中的植物,对表面的风化、松动的及灰尘先清除后用高压水冲洗干净后,浇筑 100 cm×40 cm 的钢筋混凝土桥台前墙,使钢波纹板基础落于新建的钢筋混凝土顶面,钢波纹板施工完成后再浇筑 40 cm×20 cm 的混凝土包裹其基础,基底采用 40 cm 片石+10 cm 碎石+20 cm 钢筋混凝土铺砌。

3. 桥面灌缝

桥面铺装存在纵横裂缝现象,纵横裂缝宽度为 0.5~1.5 cm,对纵横裂缝进行灌缝处理。

4. 桥梁裂缝、灰缝脱落

加固对拱上结构裂缝及砌体灰缝脱落严重部位,用改性环氧树脂进行修补。对有病害部位,凿除松动砌缝,清除浮尘,喷涂界面剂,涂抹聚合物水泥基材料(采用改性环氧树脂)进行修补。

(四)农村公路危桥主要病害处置方法

1. 常见品质问题解决方法

(1)裂缝处置

农村公路桥梁裂缝治理,通常采用桥面喷涂法。首先进行清缝处理,除去多余的杂质和污垢,确保漆面清洁光滑。其次在裂缝部位喷涂高密度、高黏度的水泥砂浆,从而形成严密完整的防护层,最终达到危桥裂缝修复需求。

（2）表面处置

通过对农村公路危桥现场调查，发现很多细微的小裂缝，一般采用简易表面处理方法，即选用具有良好防水和弹性的材料，对其表面进行处理，从而使农村公路危桥得到彻底修复。

（3）注浆处置

在农村公路桥墩开裂时，灌浆法是比较有效的填充方式，通常采用水泥、树脂等材料作为填料，这种材料可以提高桥梁的稳定性，从而延长桥梁使用寿命，防止裂缝问题进一步恶化。对于乡村道路上的较深、较宽的裂缝，一般采用树脂、沥青、水泥砂浆等作为填充原料，从而提高公路危桥的修复效果。

2. 铺装处置

由于农村公路桥梁年代较久，建筑工艺粗糙，很多工程资料不够完备，因此在拆除桥墩时，必须先了解桥墩的组成和结构，以免造成桥身损坏，对桥墩护栏进行修补，从而确保桥面的铺设效果。正式铺装之前，由施工人员对铺装层的黏结性进行测试，从而保证良好的铺装效果。

3. 截面处置

农村公路危桥改造工程，横断面施工工艺相对简单，即在原有公路桥梁基础上，采用不同厚度的混凝土浇筑策略，提高桥墩结构的刚度、承载力和抗压能力，确保工程竣工后能快速投入使用。

4. 加固处置

在危桥原有构件中，钢筋质量性能比较完备，采取桥面加固处理的方法和手段，对原有的桥梁结构造成一定损伤，通常在桥梁受到严重破坏时，加固处理可以增强桥梁质量性能。

（五）加固技术在农村公路危桥改造中的实际应用

1. 增大截面加固法

采用扩大断面加固方法,可以有效提升桥梁承载能力,提高构件刚度或者强度,在整体加固时,应综合考虑桥梁的刚度、强度、抗裂性,确保其在交通运输中的正常使用。在进行加固之前,必须对钢筋的配筋率进行检测,并对钢筋的配筋数目进行合理评价。在实际施工中,随着钢筋强度的改变,弯曲构件的横截面所受承载力也相应增大。

2. 加固施工

通过对危桥改造项目进行实地检查,数据结果显示,在车流量持续增长的条件下,拱肋、横梁均有混凝土剥落现象,因此需要对该部位的公路桥梁进行加固处理。为此,按照公路桥梁有关规范标准,编制加固设计方案,结合实际,制订出一套科学合理的施工方案和建设计划,对桥梁拱肋、横梁植筋进行加固操作,确保桥梁横断面加固效果达到预期目标,增强桥墩横向连接强度和承载能力。

（1）拱肋加固

以西湖坝桥的调查结果为例,我们发现其原始拱肋的断面尺寸为 20 cm×25 cm,而外部扩大的断面尺寸为 52 cm×45 cm,主钢筋的尺寸为 160 cm。在实际的加固过程中,我们在两边各设置了 6 根钢筋,下端设置了 8 根钢筋,且每组钢筋之间的间隔为 25 cm。为了进一步稳固拱肋,我们在拱肋的两边都进行了钢筋的埋设,埋设的深度为 8 cm。在拱脚的位置,我们插补了钢筋,其直径为 406 mm,长度为 90 cm。在灌注工作完成后,我们将新旧钢筋焊接在一起,这样可以确保钢筋的实际埋设效果,从而提高桥梁的稳定性和安全性。

（2）横梁加固

以梁桥调查结果为例,目前的横梁尺寸是 10 cm×10 cm,外部增加的断面尺寸是 40 cm×25 cm;在工程建设中,在危桥的两边各设置了 4 个单层钢筋,在桥下设置 6 个钢筋,每个钢筋之间的间隔为 20 cm,同时在梁的两边分别植入了一个 L 形钢筋。

3. 加固方案的选取

以农村公路危桥锅铲坡桥改造工程为例,桥梁状况比较严峻,设计人员充分考虑桥面行驶条件、加固措施等,以保证危桥加固方案的科学性和合理性,并根据公路桥梁规范标准,对危桥等级进行评定,参考实际情况,采用扩大断面法进行加固。由于公路大桥自身有许多缺陷,受交通流量、泄洪、公路桥体结构等因素的影响,在一定程度上会造成施工质量下降,因此,在具体施工中,应根据具体情况,进行最优比较,并在实施方案时,对施工方案进行优化,加深设计流程,进行多种方案的可行性比较,从而有效地解决施工中的难点,确保工程方案的进一步优化,增强加固效果。在制定危桥加固方案的过程中,施工企业要及时发现并改正设计中的缺陷,以免影响工程整体建设质量。

在制定补强设计方案时,有关设计人员需要考虑多种因素,对危桥本身的影响进行评价,防止因主观因素造成设计偏差。该工程采用 C25 级混凝土、300 MPa 钢筋,缓解加固技术存在的不足和缺陷,同时根据周围实际情况,设计出完整的危桥加固方案,从而确保危桥加固效果不受影响。

4. 加固施工要点

（1）在施工之前,应清理道路桥面上的杂乱物体,将接触面清理干净,以促进新、老拱圈的连接,若原有的拱圈有裂纹,则用细石粉混凝土填补,以确保补强。

(2)在钻孔植筋之前,应先确定植筋孔的位置,避免裂缝,以保证拱圈的安全。

(3)选择专用工具,对钻孔进行加工。

(4)将钻孔孔径控制在 5 mm 以上,对于孔径较小的情况,可采用环氧树脂作为填料,保证钢筋强度不受影响。

(5)在植筋之前,先将井眼清洁,防止杂物堵塞钻孔,保持孔口湿润性和周围环境健康性。

(6)植筋环氧树脂的灌入量通常为孔深 2/3,并根据规范要求进行处理,以确保注浆的质量。

(7)确保在错位置入之前钢筋的成形制造。为了确保植筋的质量,必须对植筋材料进行严格的检查,从源头上对植筋质量进行控制,以确保施工质量。

5. 裂缝修复

对缝宽度小于 0.1 mm 的裂缝,可以采用基于聚合物水泥的修补材料进行密封,其密封方法如下。

①采用钢丝刷对裂纹方向进行表面清扫,清扫宽度应大于 5 cm,清除所有的杂物,包括灰尘、青苔等,如果表面质量不好则需适当扩大清理范围。

②用钢钎和铁锤将裂缝两边的砂砾和混凝土碎片清除干净,直至露出坚固的内部。

③清除粘在混凝土上的污渍和尘埃。

④根据所设计的配比进行黏合剂的配制。

⑤用丙酮溶液擦拭裂缝表面的混凝土,待达到干燥状态后,再涂上泥浆,中间隔 3~5 min。

6. 裂缝灌注

当缝宽度大于 0.10 mm 时,应使用压力灌浆修补剂进行修复。

①在进行灌缝之前,用角磨机和钢丝刷清除裂纹表面的松散灰尘、浮渣,并测量裂缝的宽度,然后用空压机清除缝隙中的灰尘和碎片,再用丙酮擦拭缝隙周边,从而达到清洁目的。

②确定注浆口的确切位置,如果缝隙宽度为 0.1~1.0 mm,按 15~35 cm 间距排列注浆喷嘴,缝隙宽度较小时,喷头间距要缩小,在对一个喷头进行注浆操作时,其他喷头可以适当放空。在安装好注浆口后,应采用 5 mm 厚的结构胶水对其内外表面进行密封和黏接。

③制备特殊的封缝黏合剂,在成型后均匀地涂于裂缝的表面,使裂缝提前闭合。当裂纹贯通后,两边要同时进行密封。根据裂缝的尺寸和灌注需要,进行缝合处理。对于较小的裂纹,可以采用环氧胶泥进行密封。如果出现漏水现象,可以采用水泥和水玻璃两种液体进行密封。封口质量的好坏直接关系到灌浆质量,因此有关部门要加强重视。

④为了确保密封后所形成的孔洞的压力和密封性能不受影响,必须仔细检查实际密封效果,在水泥砂浆和封口胶泥凝固后,把肥皂水涂抹在裂口上,然后再把一股压缩气体注入缝隙中,如果没有气泡,那就说明密封效果很好,可以进行后续操作,否则就需要进行修复处理。

⑤在灌浆之前,应按设计的配比进行浆料调配,注意配制数量的把控从而减少浪费现象。

⑥在灌浆开始之前,先开启灌浆口的灌浆阀,再用压缩气体吹扫管道和缝隙,仔细检查灌浆过程中所需的机械设备,确认无误后

才能进行正式灌浆操作。根据不同的裂缝规格,采取不同灌浆方式。在灌浆过程中要保持一定的顺序性。注浆时要时刻关注压强变化是否合理。在注浆过程中,要持续观察邻近的注浆口,若有浆液溢出,表明已充分注浆。注浆完毕后,应立即拆除灌浆管道,同时进行有效清洗,防止残余泥浆凝固造成管道堵塞。

⑦注浆完毕后,需要根据浆液凝结情况,对灌浆材料和喷嘴进行有效清除,保持裂缝表面平滑效果。

⑧注浆后需要进行质量检验,根据实际情况不同所采取的方法手段也不尽相同,一旦发现问题需要立即更正。

第七章 危桥加固改造技术

第一节 拱桥加固改造的技术

一、拱桥的加固与改造

(一)砖石拱桥加固方法

1. 维修措施

在我国,砖石拱桥数量较多,且大多修建年代较早,有的损毁相当严重,故在此将加固技术和维修技术一并介绍。

圬工拱桥的修复宜采用与原桥相同的材料,青砖、料石、素混凝土、混凝土预制块等不宜掺杂使用。修复拱圈的合龙温度以 10~20 ℃为宜。

车辆通行时若桥梁出现较大振动而其他情况较好时,可考虑增大桥梁刚度。当采用加载、减载加固措施时,必须考虑对邻孔的影响及墩台的偏心作用。

圬工拱桥因拱圈变形、受力不均、基础不均匀沉陷,墩台变位致使跨径变化,或施工不当使拱圈产生裂缝、变位、碎裂等病害时,可采用以下维修加固措施。

(1)若拱圈内腹及两侧出现大面积的严重风化剥落、灰缝脱落,可先清除剥蚀面,在灰缝内嵌入水泥砂浆或环氧砂浆,再喷涂 1~3 cm 厚的 M10 以上水泥砂浆。喷浆可分 2 次或 3 次进行,每隔 1~2 日喷一层,并可加布一层钢丝网,以增强喷涂层强度。

(2)若拱顶附近出现 1 道贯穿拱宽的裂缝,且裂缝两侧有明显的高差,则应处理墩台的下沉问题。同时可先在缝内压注水泥砂浆或其他化学浆液,再用水泥砂浆勾缝,作为临时处理措施。如果裂缝继续发展,可暂在拱腹内浇筑一层较厚的锚杆钢丝网水泥混凝土内衬。同时应查明裂缝产生的原因,采取相应的加固措施。

(3)若拱顶区段出现 1 道或 2 道贯穿拱宽的裂缝,缝的两侧无明显的高差,但拱顶有较小的下沉,则可视为墩台滑移或转动问题进行处理。可用环氧树脂处理裂缝,在拱脚处加设顺桥向的预应力拉杆,减轻桥孔上的静载,或对应地加重邻孔的静载。

(4)若拱顶上凸且拱腹出现贯穿全拱宽的较细小裂纹和压碎裂纹,可认为墩台滑移和台后土压力过大,此时需减轻台后土压力,增加桥孔上的净重及用钢筋混凝土加厚拱顶和拱脚断面,使拱圈基本归位后,再用环氧树脂处理裂纹,并加以勾缝。

(5)若墩台及基础情况基本正常,仅拱圈出现不同程度的碎石、边角断裂、脱落等现象,可认为是施工质量欠佳所致,宜将填料更换为轻质材料,增强桥面铺装的纵横向刚度以减轻或分摊负荷,并及时修复破损的拱圈。

(6)当拱圈出现顺桥向裂缝,导致墩、台帽或帽梁断裂时,应首先处理基础问题,如裂缝的修复以及配合在帽梁、墩台两侧加设横桥向的体外预应力筋,张拉后用砂浆覆盖。针对由于施工质量不良导致的顺桥向裂缝,可以考虑采用环氧树脂等化学浆液进行修补,或者对施工不良的部位进行改造。在顺桥向拱圈的各环之间出现开裂时,可以在拱腹内钻孔,压入环氧树脂等化学黏结剂或裂缝灌浆剂,以提高结构的完整性和稳定性。此外,在拱圈的跨中及 1/4 处加设三道(或多道,视具体情况而定)钢板箍或钢拉杆,可以有效防止裂缝的进一步扩展,提高桥梁的承载能力。通过以上措施,可以有效地解决拱圈裂缝问题,提高桥梁的使用寿命和安全性。

(7) 当砌拱圈的个别拱圈石出现压碎或小区段外凸的情况时,可以通过挖出变异部分,清除修补面上的附着杂屑,并冲洗干净后压入强度不低于 C30 的混凝土来进行修复。对于四分点区段出现轻微外凸拉直的情况,可以在该区段内钻出几个梅花形孔洞,压入 1:2 的水泥砂浆充填拱背,并在拱腹进行局部勾缝,以恢复其原有形状。当拱顶段出现下沉现象时,除了钻孔压浆充填拱背外,还可以在拱腹一定长度内铺挂一层钢丝网,并喷涂 2~5 cm 厚的水泥砂浆,以提高结构的稳定性和承载能力。这些措施可以有效地解决砌拱圈的各种问题,提高桥梁的使用寿命和安全性。

(8) 若侧墙产生水平方向的位移,则应开挖拱腔,将填料改为轻质填料或半刚性材料以及加厚侧墙断面,如在垂直方向产生位移,则可能是拱圈发生了较大变形,或跨径增大,在做好相应处理后,对侧墙裂缝进行灌浆、勾缝。

(9) 若圬工拱肋因横向刚度不足,肋间结构产生断裂或两肋分离,除对裂缝粘贴钢板、勾缝,进行补强维修外,还可在肋的四分点至拱顶区段增设预应力筋或钢筋混凝土横系梁,以加强两肋间的横向刚度,肋脚与墩台帽接触的顶面、两侧产生轻微裂缝时,可用环氧砂浆灌浆填缝,严重的或有继续发展趋势的,可用粗钢筋、型钢锚入墩台帽内,将钢筋或型钢以环氧树脂等黏结剂黏附于拱肋脚顶面、侧面,外用环氧混凝土覆盖,并在拱脚段加强横向联结。

(10) 当墩台帽面层出现被肋脚压碎的情况时,可以通过在肋脚两侧横向锚入粗钢筋,并浇筑梯形混凝土来扩大肋脚断面,从而提高承载能力。如果肋间的墩台出现竖直裂缝,可以在裂缝处粘贴钢筋,其长度应为肋间距的3倍肋宽,外部使用环氧混凝土覆盖,并加强肋脚处横系梁的刚度。在肋间的横向承重结构如拱波、微弯板等跨中出现断裂时,可以使用环氧砂浆嵌缝,然后在拱波、微弯板的顶面加铺钢筋混凝土板,同时减轻回填料的重量,以满足原设计的要求。若腹拱的拱圈石、灰缝出现间断裂缝,或个别拱圈石有下坠趋势,可以用水泥砂浆嵌入裂缝并勾缝,将坠落的拱圈石两侧以环氧砂浆嵌入勾缝。如果已设有伸缩缝,则可以通过切锯排徐其中阻塞物体,以确保伸缩缝的正常运作。若因墩台下沉变位而引发拱圈破坏,应重点考虑加固墩台,以提高整体结构的稳定性和承载能力。通过以上措施,可以有效地解决桥梁结构中不同部位的破坏问题,提高桥梁的使用寿命和安全性。

(11)干砌或砌体结合差、裂缝较大的拱圈,可采用水泥砂浆填补缝隙来提高砌体强度,对于砌体损坏、拱轴变形严重的拱圈,必须通过一定的加固措施来提高承载力。

2. 加固方法

除前述维修加固措施外,砖石拱桥还有以下常用的加固方法。

(1)原拱圈下衬拱圈加固法。当拱桥跨径不大,且桥下净空容许,或根据水文资料,桥下泄水面积允许缩小时,可在原有拱圈下用类似隧道衬砌的方式增设拱圈,即紧贴原拱圈下侧植入锚筋,悬挂钢筋网,喷射混凝土或模筑混凝土,形成新拱圈。对于石拱桥可局部取石成槽,以提高新老拱圈的共同工作性能。

(2)原拱圈上增设钢筋混凝土拱圈加固。挖开原拱顶填土层直到拱背,清理干净,修补完善,凿毛,加筑新拱圈。加厚拱圈时,应考虑墩台受力是否安全,多孔石拱桥全部加设新拱圈时,拱上填料拆除必须对称同时进行。

（3）双银锭形腰铁加固。用双银锭形腰铁钳入、卡牢相邻拱石的加强拉结法在我国古代桥梁建造中最早使用。该方法是锁牢石砌拱桥整体拱圈,使相邻拱石得到加强。

（4）钢板箍或钢拉杆加固。可在石拱桥拱圈的跨中和 1/4 处加设三道(或多道,视具体情况而定)钢板箍(钢板厚可取 6~8 mm)或钢拉杆,用螺栓在拱底及拱侧钻孔锚固,并注意将锚固点设在拱圈厚度的 1/3 处。锚固孔用膨胀水泥砂浆填塞密实。

（二）双曲拱桥加固方法

双曲拱桥具有结构轻巧、省料、便于施工安装等优点,应用范围广。双曲拱桥具有显著的中国文化特色。然而,由于建造时设计、施工经验不足及其他种种时代原因,很多拱桥使用一段时期后,出现了不同程度的损坏,亟待维修加固。有些地区将大多数双曲拱桥拆除,这是非常可惜的。其实,只要掌握了双曲拱桥的病害发生原因,维修加固不是很难的事情。经过桥梁工作者的长期努力,双曲拱桥的维修、加固技术已日趋成熟。现将常见病害及维修、加固方法一并介绍如下。

1. 常见病害

双曲拱桥主要存在以下几个方面的病害。

（1）横向联系薄弱

削弱的横向联系主要涉及两个方面,一是拱肋与拱波(拱板)的联结方式不恰当或薄弱。如拱肋中预埋伸出的钢筋数量不足。二是横隔板、横系梁结构处理不当或横向刚度过小,这又包括三种情况:一是横系梁或横隔板在构造上不完整,即全桥横向不贯通且不在一条直线上,这与过去设计中过分强调"化整为零"有关,而施工不当包括横系梁(横隔板)横向多呈折线形、钢筋不连续、横向联结处混凝土不密实等;二是横系梁(横隔板)尺寸偏小,纵向刚度不足,整体上起不到横向传递荷载的作用;三是拱板中的横向钢筋或分布钢筋太少。横向刚度小会带来一系列问题,主要是车辆荷载横向传递受阻、各拱肋不能共同受力,这会引起拱波顶纵向断裂、拱波与拱肋脱离、横系梁(横隔板)在接头断裂、各拱肋下挠不均等病害。

(2)主拱圈截面尺寸偏小

过去的双曲拱桥设计过分强调节省材料,主拱圈截面尺寸偏小、配筋偏少、混凝土的强度等级较低。由拱肋、拱波、拱板共同构成的组合截面尺寸并不小,主要是拱肋尺寸偏小。这是因为拱肋除要承受自身重量外,还要承受架设拱波、拱板时所产生的应力,只有拱板浇筑完成并达到一定强度后,方能共同承受拱上恒荷载及活荷载。

由于拱肋先期应力累积太大,故截面尺寸较小的拱肋及很少的配筋使得拱圈正截面强度严重不足,这通常表现在拱圈(拱肋)挠度过大,轴线偏离设计轴线过大,或者拱肋压应力过大,拱肋中纵向钢筋直径偏小,箍筋间距偏大,造成纵向钢筋失稳外鼓,特别是在锈蚀后,病害更为严重。

(3)其他病害

现有的双曲拱桥相对石拱桥、箱形拱桥而言,拱顶刚度较小,即全桥竖向刚度不均匀。

而拱顶填料多为砂砾石、碎石、矿渣等透水性较好的材料,这些材料难以压实,加上前述不均匀向刚度,使桥面破碎严重,并严重渗水,而修补时增加的材料又使恒荷载增加,加重桥梁病害。

一般的拱桥设计是不考虑拱上建筑对主拱圈的影响的,即结构上应保证边腹孔具有较小的抗推刚度和适最的自由变形。但有些双曲拱桥在修建过程中未设伸缩缝、变形缝或边腹孔的铰,或因设置不当而失去应有的功能,这些均有可能使拱上结构对主拱圈产生不利影响。当双曲拱桥的墩台置于软土地基上时,若基础结构形式或基础处理不当,前台将发生过量的不均匀沉降和水平位移,导致主拱圈产生过大的变形,甚至开裂。

值得注意的是,基础处理不当引发的病害一般在桥梁建成后的 3~5 年内即可完全出现。之前,墩台变位引起的病害是双曲拱桥的一种重要病害,但经多年探索,这一病害不再是双曲拱桥的主要病害。

2. 维修方法

双曲拱桥的拱脚段、拱波顶出现沿桥轴线的纵向裂缝是常见病害,维修时可在裂缝中注入环氧树脂黏结剂,并用环氧砂浆勾缝,若填平层也有裂缝,可用较低强度等级的钢筋混凝土加厚该区段。

如果拱脚段的拱背出现横向裂缝(垂直于桥轴线),内腹的混凝土则有可能被压碎,此时可在桥台的前墙或墩身与拱背交界处钻孔,锚入直径 16~25 mm 的粗钢筋或型钢,钢材间距 20~30 cm,再用环氧树脂黏结于拱背上,钢材长度应超过裂缝 30~50 cm,其上覆盖 5~8 cm 厚的环氧混凝土。

若拱波与拱肋接触处产生纵向裂缝(纹),可沿此缝隙每隔 1~2 m 嵌入高强混凝土预制块件将拱波与拱肋联结,所有缝隙均用砂浆勾缝。

若拱肋局部出现裂纹(裂纹宽度不超过 0.25 mm),可先用环氧砂浆进行封闭,情况严重的,可在该区段内粘贴钢筋(钢板)或锚固一层 U 形钢丝网后,覆盖一层 2~5 cm 厚的环氧砂浆。若此肋出现较大范围的裂纹,则将钢筋黏附于肋底及两侧,使之形状如马蹄,以扩大肋底断面。所黏附的粗钢筋与原有主筋进行焊接,并伸入墩台帽内,浇筑混凝土将附加的钢筋覆盖。

3. 加固方法

双曲拱桥上部构造的维修、加固主要指对拱肋的加强、横系梁的加强及上部结构填料的调整等。

事实上,梁桥中的加固法在多数情况下对拱桥加固仍然是适用的,关键是看结构的受力情况。拱桥的粘贴加固法和梁桥是相同的,增大截面法在拱桥加固中的应用较广,增设辅助构件加固拱桥也是常见的方法。增设拱肋可以改变桥面宽度,也可以不改变桥面宽度。在桥面两侧增设拱肋时,有的方法被称为拱托法。现简要介绍这几种主要方法,具体如下。

(1)粘贴钢板加固

该方法一般是在拱圈局部产生裂缝或承载力不足时采用。先将拱肋表面清理干净,再用环氧砂浆黏结钢板。黏结钢板的位置主要位于拱肋截面下,可用成条整板钢板(或分块焊接)在拱圈弧形范围内间隔黏结,钢板厚度宜为 4~10 mm,过厚时施工比较困难。

为改善粘贴效果,除利用胶黏剂之外,还可按一定间距钻孔并埋入螺栓,然后将钢板预钻孔对准预埋件位置并以螺母紧固。拱肋钻孔比较困难,埋设位置不易准确定位,因此,钢板钻孔要留有余量,如果用椭圆形孔或扩大孔径,可减少对位时的麻烦。在合适的条件下,也可粘贴碳纤维布加固。

(2)粘贴钢筋加固

该方法与前述粘贴钢板加固法基本相同,但所采用的是钢筋加固件。从实际情况看,此法与粘贴钢板相比,具有与结构物黏附性能好,加固成型容易、补强效果更为显著等特点。

（3）扩大拱肋截面

该方法通过采用钢筋和混凝土外包加大原拱肋,从而达到扩大拱肋的截面尺寸,增加拱肋断面的含筋率,或变无筋拱肋为有筋拱肋,提高拱肋抗弯刚度的目的,其作用明确,效果显著,应用也较广泛,外包混凝土加固拱肋可采用普通混凝土,也可采用轻质混凝土,若要使新旧混凝土结合面黏结更可靠,也可采用微膨胀混凝土、微膨胀轻质混凝土等。

（4）增设拱肋加固

该方法可用于大跨径、桥台水平位移大的有肋或无肋双曲拱桥的加固。在较大跨径的拱桥下新建一座跨径较小、矢度较大的肋拱,使肋拱的上弦与原拱桥连接在一起,新老桥台连接在一起。施工时要求将肋拱上弦钢筋和原拱肋或无肋拱波用箍筋连在一起,现场浇筑混凝土。

（5）增加横系梁加固

该方法用于横向联系较弱或需新增横系梁以加强拱肋抗扭刚度和横向整体性的情况。可与拱肋截面扩大加固法一起运用,以取得更好的加固效果。

（6）调整拱上建筑自重、改变结构体系加固

清除拱上建筑及实腹段范围内的填料,降低拱顶断面高度,浇筑钢筋混凝土桥面板,并用混凝土填料加强原有拱上建筑与桥面板的联系,从而加强拱上建筑刚度,使整个体系向柔拱刚梁转化,使主拱圈在活荷载作用下主要承担轴力,而弯矩由加固后的拱上建筑承担。对于拱式腹孔,可拆除拱上建筑,改拱式腹孔为梁式拱上建筑,以减轻自重,并使主拱圈主要承受全部活荷载及活荷载引起的轴向力。

（7）体外预应力加固

拱顶下缘开裂，施加预应力的位置必须在弹性中心以下才能对拱顶截面产生负弯矩，对于拱脚截面上缘的裂缝，因为预应力锚固有一定困难，则采用增加拱脚背钢筋、增厚拱脚截面混凝土，使其中性轴上移的措施。

（8）拱托加固法

该方法即在原主拱外侧增加两条截面面积很大的拱肋，并通过强大的横向联系与旧拱圈共同作用，新拱肋对旧拱肋如同一个拱托。此外，还有一种被称为箱拱的加固法，即以钢筋混凝土板将拱肋两两相连，使双曲拱变成一个封闭的箱拱。

（三）桁架拱桥加固方法

钢筋混凝土和预应力钢筋混凝土桁架拱桥是我国20世纪60年代发展出的一种拱式结构。因其具有受力合理、装配化程度高（工序少、工期短）、自重较轻、抗震性好等优点，在全国范围内很快得到了推广。然而，由于当时设计、施工的经验不足及其他原因，很多拱桥建成后就存在一定问题。

1. 桁架拱桥常见病害

桁架拱桥常见病害主要有如下几种。

（1）桥台位移使拱桥上弦杆悬空

部分桁架拱桥由于修建时考虑不周，跨径太小，一些框架拱桥的跨距太短，从而使得它们在完工之后不能达到水流断层的要求。由于长期的水流冲刷，桥台基础被暴露在外，特别是在大雨季节，如果情况严重，可能会导致桥台垮塌，交通也可能因此中断。

（2）施工缝处出现裂缝

在施工过程中出现了裂痕,拱片的连接部位出现了混凝土的破裂或者钢板接头的脱落。由于桁架拱片的制作通常不是一次性完成的,而需要逐步进行,也就是说,首先要将弦杆和对应的横向连接梁灌注,然后灌注竖向连接杆、倾斜连接杆以及剪切支撑,最终才能灌注到上部的弦杆和横向连接梁,所以会出现施工间隙。一般来说,由于建筑接口的硬度相对较弱,受到外界压力的作用,建筑接口有可能出现干燥或者撕裂的情况。当需要对桁架拱片进行分段预制,特别是在跨度较大的场合,就必须额外配置接头(包括现浇混凝土和钢板接头)。如果建筑质量不佳,在重压的反复作用下,接头部分容易受损甚至断裂。

（3）构件裂缝

当构件受到拉力时,会产生裂痕,但只要裂痕的宽度在允许的范围内,拱桥的使用并不会受到影响。在桥梁的负重超出了它的初始设计负重标准的情况下,由于结构部分遭遇了巨大的拉力,无法避免地会出现严重的裂痕,这无疑将对拱桥的运行造成负面影响。

（4）拱上建筑破坏

对于拱顶结构的损害,可能会导致拱桥的微型弯曲板块或者实心板块的剥离、撕裂,乃至产生空隙等情况。这种问题的出现通常是由于施工方法的错误,例如在安装微弯板或空心板时没有使用灌浆法,或者因为板子太短,无法与主拱片有效连接,还有板子本身的强度不足等原因。

2. 加固力学要点

钢筋混凝土桁架拱桥端部下弦杆承受最大应力,当有破损时应及时进行维修加固,各腹杆与上下弦铰接处出现的裂缝可用砂浆封固。下弦根部出现横向裂纹,则要立即加强、加固横向联结,杜绝摆动,同时用环氧砂浆封闭裂纹(缝)。

钢筋混凝土桁架拱桥无论是有铰还是无铰,受拉杆件和受压杆件的节点处钢筋都很密集,受力复杂,常在节点处产生裂纹、裂缝。裂缝宽度在允许范围内时可用环氧树脂黏结剂、改性乳胶漆封闭;如裂缝较宽,则可在节点附近设置一定形状和尺寸的型钢,在节点两侧增设预应力筋(如为受压杆件时可设置型钢),预拉锚固于型钢上,再用环氧砂浆封闭。

跨中设有铰或挂孔的桁架拱桥,上弦承受最大张力,铰或挂点出现下垂时,如有可能可在预留孔中穿入预应力筋,或在桥面铺设预应力钢丝束(钢筋)与铰或挂点连接,施张后锚固于墩台的后下方,施张时在下垂点配合使用千斤顶及其他吊装设施辅助提升张拉。新增的预应力筋应用混凝土覆盖。

上承式桁式组合预应力混凝土拱桥,节点处钢筋密集,受力复杂,成型后产生的裂纹一般用黏结砂浆涂抹或粘贴钢材,支杆、接缝处出现较为严重的损伤时则在其两旁采用预应力筋进行加固。

3. 桁架拱桥的加固方法

在需要提高桁架拱桥主要受力构件如下弦杆、实腹杆等的承载力时,截面加强的方式主要有三种:①凿除原杆件钢筋混凝土保护层,加筑钢筋混凝土补强断面,新旧断面依靠钢筋和混凝土紧密连接;②粘贴钢板或钢筋进行补强;③预制好补强杆件,再用电焊焊接钢板方式与原杆件相连,形成一个整体而共同受力。

如果桥台发生位移且对结构内力影响较大,可采用顶推的方法加固。

当桥面由于板块断裂而出现空洞时,可采用更换或用悬吊式模板进行局部修补的方法进行处理。当需加固桥面且基础承载力允许时，也可采取增铺桥面补强层等加固方法。

4. 其他加固方法

拱桥由于设计、施工不当及地基软弱，引起墩台下沉位移，拱圈及拱上建筑严重开裂时，应加强观测，限载或禁止通行，查明原因，采取加固处理措施，拱桥加固除可采取前述方法外，还可根据拱桥的受力特点、病害特征，采取一些其他加固方法。现将其他加固方法简述如下。

（1）对于地基已稳定的桥台，当拱轴线变形较大、承载力不足时，可采用顶推方法按下述程序调整拱轴线，恢复其承载力。

①先将拱脚的锚固钢筋切断，并将拱上建筑与桥台分开，使顶推时拱上建筑能随同拱圈自由变形。

②顶推可在拱桥的一端进行，也可在两端同步进行。顶推的基本做法是在桥台的拱脚处安装传力结构（钢夹具或刚性横梁），通过千斤顶施加推力，将拱圈自拱脚向跨中方向顶推，以达到调整桥台位移和拱轴线、恢复承载力的目的。

③顶推完成后，在拱脚端的空隙处浇筑高强快凝混凝土，必要时也可将顶推千斤顶一并浇筑在内。

④顶推应按照相关程序，分级缓慢进行，并同步加强监测，直至达到计算要求的顶推水平距离，如有其他控制指标超出设计计算要求，应立即停工检查。

⑤顶推完成后，整修结构的其他部分。

（2）对于地基不稳定、产生水平位移的桥台，可采用在台后增设小跨径引桥和增设水平摩阻板的方法，并按下述程序操作。

①分段将台后路基填土挖除，增设1孔或2孔小跨径桥孔，增

设水平摩阻板,并与原桥台连成一体,以抵抗桥台滑移,使桥台不再继续产生水平位移。

②视水平位移大小,必要时采用前述方法,在桥台后布设反力梁,用千斤顶顶推桥台,消除或补偿桥台水平位移所产生的不利影响。

③下部结构处理完成后,再修理拱上结构损坏部分,必要时重铺桥面铺装层。

(四)喷射混凝土加固技术

1.喷射混凝土加固概述

采取锚喷混凝土的方式进行加固,首先把锚杆放置在预计要增强的建筑物内,并安装上增强的钢筋网。然后向其内部注入特定厚度的混凝土,从而创造出能够和原有建筑物一起抵抗外部负荷的复合结构。利用喷射设备可以通过压缩空气将混凝土和其他材料一同喷射至已经固定好的钢筋网表面,然后等待它们凝固并硬化。以高速度浇筑混凝土时,由于水泥与骨料的持续撞击,会让混凝土变得紧密,无须再做任何的搅拌。事实上采用喷射式混凝土的强化方法的目的在于拓宽桥梁的支撑范围,提升钢筋的硬度,优化建筑的稳定性,从而有效地抵抗更大的外力压力。增加的加固钢筋能够协助原有的建筑物抵抗拉力,并且也是新建筑物的支撑结构。补强钢筋主要起弥补原结构抗弯能力不足,或者承担增加的外荷载作用。补强钢筋一般采用 HRB335 钢筋,其强度要求以控制抗拉强度为主。

喷射混凝土的抗压强度是评定喷射质量的主要指标。喷射混凝土的抗压强度是指用喷射法将混凝土混合料喷射在 450 mm×

350 mm×120 mm 的模型内,当混凝土达到一定强度后,用切割机锯掉周边,加工成 100 mm×100 mm×100 mm 的试件,在标准条件下温度(20±3)℃、相对湿度90%以上,养护28 d,或在 28 d 龄期时从实际喷射面上钻芯取样做成标准试件,所测得的抗压强度值乘以 0.95 的尺寸换算系数。喷射混凝土的抗压强度受多种因素影响,如原材料的品种和质量、混合料的设计(水灰比、水泥用量、砂率、粗集料粒径、外加剂品种与用量等),以及施工工艺和施工人员的操作方式(喷射压力、喷嘴与受喷面的距离、角度,以及混合料的停放时间等)。试验资料表明,分层喷射混凝土对抗压强度没有影响,因此,在喷射混凝土加固桥梁时,对于较厚的喷射混凝土,可采取分层喷射。

为确保喷射混凝土和桥梁原有结构能够共同受力,黏结强度特别重要。一般需分别考虑抗拉黏结强度与抗剪黏结强度。抗拉黏结强度是衡量喷射混凝土在受到垂直于结合面上的拉应力作用时保持黏结的能力,抗剪黏结强度则是抵抗平行于结合面上作用力的能力。实际上,作用在结合面上的应力,常常是上述两种应力的结合。由于喷射时混凝土混合料高速连续冲击受喷面,而且要在受喷面上形成 5~10 mm 厚的砂浆层后,粗集料才能嵌入,这样水泥颗粒会牢固地黏附在受喷面上,因而喷射混凝土与原结构表面有良好的黏结强度,同时锚入原结构内的锚杆也加强了新旧混凝土的黏结。国内外试验资料表明,喷射混凝土与旧混凝土的黏结强度为 0.7~2.85 MPa,结合面的抗拉黏结强度为 1.47~3.49 MPa。

由于喷射式混凝土的水泥使用量较高,其中的水分含量也较高,并且还加入了速凝剂,因此其收缩程度相对于常规的混凝土要高。水泥水化过程的温度升高是导致热缩的主要原因。配比速凝剂会显著地改变喷射混凝土的收缩率。如果在一致的条件下维护,使用3%~4%速凝剂的喷射混凝土的最终收缩率将超过没有使用速凝剂的。

当进行喷射式混凝土的固化时,其内部的湿度以及其保持水分的能力都会对其收缩产生重大的效果。在湿润环境中,喷射混凝土的养护时间越长,其收缩量就越小。假设喷射混凝土的硬化阶段的水分蒸腾速度和数量都超出了正常范围,那么,若剩下的水量不足以满足持续的蒸腾需求,那么这个硬化阶段将被迫停止。因此,在喷射混凝土之后,应立即进行水分养护,确保喷射混凝土表面保持湿润,这样可以降低收缩率减少内部压力,从而降低喷射混凝土表面的裂痕问题。

喷射混凝土的徐变是在恒定荷载长期作用下变形随时间逐渐发展,其规律在定性上同普通混凝土的徐变规律相一致。喷射混凝土中钢筋网的作用在于承受拉应力,从而能有效地传递温度应力,减少或避免喷射混凝土产生收缩裂纹。

2. 加固原理

喷射混凝土加固法是隧道施工方法新奥法在桥梁加固中的应用,加固桥梁的原理就是通过新增加混凝土与受力钢筋和原结构紧密结合,组成喷射混凝土(内含补强钢筋网)、锚杆及原结构的整体组合结构。通过喷射加固层与原结构紧密黏结在一起,既阻止了原结构继续开裂,又充分发挥了原结构的作用,共同承受外荷载。新形成的组合结构既根治了原结构因裂缝等原因造成的局部应力集中等病害,又恢复了原结构的协调性,使其能够承受更大外荷载。

3. 设计原则

喷射混凝土加固桥梁实际上仍是增大构件截面加固法,所以加固设计原则仍按增大构件截面的方法进行内力计算。设计原则如下。

(1)恒荷载(包括新喷射的混凝土)按原构件的截面模量进行计算,即新喷射的混凝土恒荷载仍作用于原构件上。

(2)活荷载由加大后的组合体截面模量计算,即新旧混凝土作为一个整体计算,对不同强度等级的混凝土和新增的补强钢筋按其弹性模量进行截面换算。

(3)仍按弹性理论进行计算。

(4)强度验算按照喷射截面占原截面的比率,考虑是否按组合截面进行有关验算。

(5)加固设计前,应弄清桥梁的原始情况及病害产生原因,对桥梁的承载力做出评价。

(6)采用的喷射混凝土与钢筋的强度等级,不应低于原结构的强度等级。当结合面处有两种不同强度等级的混凝土共同作用时,应换算为较低强度等级作为计算标准。

4. 加固方法

喷射混凝土一般有干式和湿式两种方式。干式喷射混凝土在以往的桥梁加固中采用较多,但后来发展起来的湿式喷射混凝土明显优于干式喷射混凝土,已成为世界各国喷射混凝土的主流。

干式喷射混凝土是混合料在干燥的情况下充分拌和,通过送料软管靠压缩空气送到专用的喷嘴处,喷嘴内装有多孔集流腔,水在压力下通过多孔集流腔与混合料拌和,利用空压机产生的压缩空气通过喷射机使混凝土连续高速喷向受喷面,并和受喷面形成整体,一次完成。由于混凝土的混合料是在干燥状态下拌和的,水则是在喷射过程中加入,所以水灰比的掌握完全凭喷射机操作人员(称喷射手)的经验。因此,喷射手的操作技艺是施工质量的关键影响因素。

湿式喷射混凝土的明显特点是,所采用的喷射机允许混凝土混合料在进入喷射机前或在喷射机中加入足够的水,拌和均匀,然后再通过送料软管送至喷嘴喷射到受喷面上。所以混凝土的水灰比能准确控制,有利于水和水泥的水化,粉尘较小,回弹较少,混凝土均质性好,强度易于保证。但设备较干喷机复杂,速凝剂加入也较为困难。

5. 施工要点

在施工过程中,首先需要清洁被加固部件的表面,然后根据设计规定在部件表面安装锚固钢筋,并放置加固钢筋网。在钢筋的四周必须留出充分的空间才能确保喷射的混凝土能够彻底覆盖住钢筋。请确保钢筋网被稳固地捆绑或焊接在固定的钢筋上,以防在喷射混合物时位置发生偏移。

在进行干喷操作时,需要将水泥、沙子、集料与其他材料在干燥过程中充分混合,并根据特定的比例添加速凝剂把它们输送到干喷设备中。在进行湿喷操作时,根据实验的配比,把材料与水混合搅拌,输入到湿喷设备中。

在进行喷射混凝土的建设中,通常来说喷嘴和被喷物的最适合的间隔是 0.8~1.5 m。如果间隔太远可能导致反弹力的提升,同时也会减少其结构的紧凑程度,进而影响其结构的强度。因此,必须保证喷射器与被喷射物的表面是平行的,可以防止混凝土的结构紧密性降低。当喷射装有钢筋网的被喷面时,喷嘴应该尽可能地接近被喷面,并且略微偏离一些垂直的角度,这样不仅能够提高效率,还能帮助去除反弹物。对于较大的喷射混凝土需要进行逐级喷洒,并且每一层的喷洒时长需要在 2~4 h 之间。确保一次性喷射的混凝土厚度不会滑动或掉落,这样可以防止喷射层过厚导致混凝土黏附力和凝固力下降,同时也避免喷射层过薄引发反弹。必须立即清理掉它们,不能让它们堆积在建筑物内部,更不能把它们放入下一批混合材料中,否则会对喷射混凝土的品质产生影响。

从结构稳定性和耐用性的角度来看,喷射面的自然平整是可行的。对于需要表面平滑和外观美观的桥孔,如果喷射面过于粗糙,应立即进行修复。一般来说,当喷射的混凝土开始初次硬化喷射15~20 min 之后,利用刮刀去掉超出设计范围的剩余物质,然后才会开始进一步地喷涂或者涂上一层砂浆。或者直接在喷射区域内喷洒或涂抹一层砂浆。

喷射混凝土终凝2 h 后,应及时喷水养生。养生时间应不少于7d。对于水泥含量高、表面粗糙的薄层喷射混凝土结构,养生是确保其强度的形成和避免表面开裂的重要措施。喷射混凝土在施工工艺、材料及结构等方面与普通现浇混凝土相比有许多特点。例如,不用或只用单面模板;混凝土混合料的运输、浇灌和捣固结合为一道工序;可通过输料软管在高空、深坑或狭小的工作区间向任意方位施作薄壁的或复杂造型的结构;设备与工序简单、占地面积小、机动灵活、节省劳动力,具有广泛的适应性。用于桥梁加固补强时,还具有施工快速简便、经济可靠、不中断交通等特点,喷射混凝土在施工时,可在混合料中加入各种外加剂和外掺料,大大改善喷射混凝土的性能。例如,加入速凝剂,则喷射混凝土具有凝结快(2~4 min 初凝,10 min 以内终凝)、早期强度高(喷射一昼夜后,强度比普通混凝土提高2~4 倍)的特点。

喷射混凝土混合料时,由于高速高压作用,喷射出的混凝土能射入宽度2 mm 以上的裂缝,并与被加固的结构紧密结合,形成整体,共同工作,阻止原结构继续变形和开裂。在我国,喷射混凝土用于桥梁加固的时间不长,并且主要用于拱桥中,如增大拱肋截面、增加板拱厚度等。不过,近年来,喷射混凝土也开始在梁桥加固中应用。实际应用表明,喷射混凝土在加固桥梁受弯承载构件方面是可行的,具有现浇混凝土无可比拟的优越性。锚喷加固过后的各主梁应力、应变及挠度明显降低且趋向均匀,说明锚喷法加固能有效增强各主梁横向联系,改善荷载横向分布状况,加固效果明显,加固过后的结构承载力有着较大的提高。

(五)顶推加固技术

顶推工艺是调整拱轴线及压力线的有效方法。当桥台水平位移过大,致使拱顶下沉,在拱顶截面下缘和拱脚截面上缘出现裂缝,拱轴线严重偏离设计轴线时,可考虑采用此法。施工时将拱桥的一端作为顶推端,设立顶推横梁,横梁与拱肋紧紧相连,凿除拱脚与支座的联结,使支座自由,然后安放千斤顶,向跨中方向顶推横梁,从而使整个拱轴移动。当顶推位移相当于原桥已产生的位移时,停止顶推。然后在拱脚离开拱座的空隙内浇灌高强快硬水泥混凝土,待混凝土达到设计强度后,放松千斤顶,顶推工作完成。若原桥整体性完好,顶推法可恢复其承载力。这一方法经济实用,可在不损害原桥外貌、不缩小通航净空的情况下,完成桥梁的加固。

1. 计算要点

顶推加固前必须进行施工设计,设计计算内容如下。

(1)顶推横系梁设计:使千斤顶推力可完全传给主拱圈,保证拱脚部分主拱圈受力均匀。

(2)进行千斤顶的布置和数量的计算。

(3)顶推量的确定原则:①根据实测拱脚位移量推算;②根据

拱顶实测下沉值和拱顶推力影响线推算;③顶推直至桥上沿或路缘石出现负弯矩裂缝为止。

2. 施工要点

顶推可在桥的一端进行,也可先在桥的一端顶推至 1/2 跨径处,计算顶推水平距离后,再移至另一端顶推。顶推后,在拱脚端的空隙处浇筑高强快凝混凝土。顶推也可在桥台区挖槽,顶入受力管,使顶管与原桥台共同受力,以调整桥台水平位移和拱轴线。顶推应按照一定程序,分级缓慢进行,直至达到计算要求的顶推水平距离,或者拱上桥面出现横向裂缝,不能再顶推时为止。

3. 拱桥的顶推

顶推实施时,要重点解决好拱脚锚固钢筋问题、拱脚负弯矩问题、传力结构问题及拱上建筑的处理问题等。

(1)顶推的主要程序

搜集要顶推桥梁的有关设计、施工、竣工等文件,以及养护、运营期间检查、改造加固等记录资料。在熟悉资料的基础上到桥梁现场进行核实,慎重考查判断桥台稳定性,根据拱桥实际尺寸、恒荷载及作用状态,进行顶推设计计算,确定顶推方案。编制顶推施工、材料、设备、预算等,布设观测点。必要时筑桥台围堰、搭脚手架、仪表架等,设计制作千斤顶传力结构(如刚性横梁)。凿除拱脚四周的混凝土,使其周边脱离桥台,加固、顶撑拱脚部位的腹孔,处理桥面伸缩缝,以利顶推时桥面自由移动;切断拱脚锚固钢筋。

待刚性横梁混凝土达到设计强度后,安装千斤顶、高压油路系统。根据实际需要可单边顶推或双边顶推(两个拱脚都处理)。正式顶推前要试顶。顶推过程要逐级、缓慢进行。拱脚弯矩释放为第一级,之后每顶进 1 cm 为一级。每级顶推后要稳定 15 min,全面检查桥梁结构和顶推系统,一切正常后再继续下一级,直至符合要求。

各级顶进时,均应测量拱截面(顶推端)两侧的位移量(竖向、水平),拱肋主要截面下缘高程或相应截面的桥面路缘石高程,桥纵轴线变化,桥台变位(沉降、位移、转角),主拱圈顶部桥面栏杆、立柱、路缘石、桥面混凝土的变形,以及伸缩缝的变化等。

顶推完成后,形成的端部空缝要立即冲刷干净,填塞高强快凝砂浆或小石子混凝土,捣实养护。如在冬季施工,当温度低于5℃时,应加温养护。

当高强快凝砂浆或小石子混凝土强度达到要求后,拆除顶推设备,最后修补结构裂缝、局部补强、接长拱座、清理现场。

(2)顶推注意事项

①顶推前必须确认桥台变位已经稳定,否则要先行加固桥台。

②顶推前办理好断道、断航有关手续。顶推时组织好保卫人员,划出作业区,确保施工现场、行人和围观者的安全。

③顶推时要合理组织人员、明确分工、统一信号,并应先进行试顶演习。

④做好两桥台上方三铰腹拱孔的加固、支护,凿除伸缩缝(对单边顶推是非顶推端的桥台上方桥面伸缩缝),顶推作业时要确保拱上建筑的安全。

⑤千斤顶的轴线方向应与安装部位的拱轴线方向一致;千斤顶的顶部和底端钢垫板要平整、密贴;千斤顶要尽量靠近主拱圈的内、外缘;千斤顶合力作用点尽量与拱桥设计要求的合力位置相符。千斤顶的油路系统形成并联的闭合管路,保证同步作用;高压油路和千斤顶在安装前要分部件检测、试压,合格后才能使用。

⑥顶推前要进行试顶、预演。通过试顶、预演,仔细考察顶推机具和设备工作状态是否安全可靠、管路有无漏油、顶推是否同步、现

场指挥系统是否迅速可靠。如发现问题,应回油处理,切忌在高压下检修油路,以确保人身安全。

⑦监测用的仪器要可靠。每级顶推后要及时整理观测资料,特别是主拱圈挠度及应变。只有确认情况正常时,才能进行下一级顶推。要指定专人负责监视工作,及时向顶推工作点反馈信息。

⑧监测顶推端对岸的桥面伸缩缝空缝的变化情况,保证顶推过程中该处始终留有空隙,防止掉进杂物堵塞空缝而影响顶推作业。

⑨应事先通过试验确定填塞空缝用的高强快凝水泥砂浆或小石子混凝土的强度和配合比,以及其强度增长规律。

⑩顶推结束,对顶推端拱脚处的空缝要认真冲洗干净,防止掉落杂物。填塞空缝后,注意捣实、养护。应派专人监视油路系统,保持千斤顶油压稳定,直至填料强度达到要求。

(3)顶推终止条件

只要出现以下任何一条,均应停止顶推。

①顶推水平距离或桥面高程达到设计要求。

②拱顶路缘石顶面出现轻微裂纹。

③桥台有明显位移或位移不稳定时。顶推法加固拱桥在施工过程中具有一定的风险,且投资较大,故目前在桥梁加固中采用这种方法的并不多。

第二节　下部结构加固改造技术

一、下部结构的加固改造技术

（一）增补桩基加固

1. 技术特点及适用条件

当地基的承载能力有限的情况下,增强其承重能力可以在桩式基础上增加基桩(如钻孔桩或打入桩),同时也要扩大原有的承重台,这样就能将墩台的压力部分转移到新的桩基上。

增补桩基加固法是一种技术手段,它涉及在桩基的外围添加钻孔桩或者嵌入钢筋混凝土预制桩,并且增加现存的支撑平面,这样就能把支撑平面与桩顶相联系,进一步增强基础的负荷能力和稳固度。这个方法的不足之处在于它需要建立打桩机械和挖掘桥梁,这对于原本的悬挂线路以及陆地和水上的交通都会产生一些影响。以下情况可以采取增强桩基的方式。

（1）对于使用桩基的桥梁进行改良和扩展,通过增加桩的种类,来扩展承重平台的范围,从而提升了其基础的负荷能力。

（2）由于桥梁的墩台底部存在着脆性层导致墩台的塌陷,同时桩的深度也未达到预期。

（3）由于风蚀、水蚀或冲刷等原因,桩基外露或发生倾斜。在桩的间隔较宽大约 4~5 倍的桩径的情况下,能够实施桩的插入操作。当桩的间隔变得更小,同时净跨度也有所降低,可以在原有的排架两边增加桩的数量进而形成三排墩桩。

在桥台的垂直负荷能力不足的情况下,通常在其前方增加一排桩并进行盖梁的施工,这样就能够减轻由上层建筑物带来的压力。在进行打桩的过程中,可以利用现有的桥面作为支撑,并在其上开出洞口进行插桩。增加的支撑梁既能独立承受压力也能相互联系,让原有的支撑梁、旧的桩以及新的桩都能承受压力。

当对一些建筑质量优秀的古老桥梁进行下层结构强化的过程中,经常会因为桥下的空间限制而无法使用传统的机械设备。将压入桩的支撑平面和建筑反梁融为一体,不仅可以用于静态压实建筑物以传输其顶端的稳定负荷,还能够给予已经加强的桥墩一个新旧桩基共享的支撑平面。

增补基桩的附加影响:①新的桩体可能导致河道的过渡区域缩小,进一步促使水流的速率提高,对已存在的桩体的冲击力就会更强烈。②增加了桩基,导致了飞行的净跨度减少。③当增设桩的过程中,较短的桩基间隔会对其负荷能力产生某种程度的作用。④基础的整体性由于新、旧桩基及承台的连接将会下降。

2. 力学特点

桥梁的负荷是通过桩基进行的,而地基则接收这些负荷。垂直负荷主要是依靠桩底的防护力以及桩身与桩侧的土壤摩擦力来承受,而水平负荷则主要是依赖于桩与桩侧的土壤的平衡能力。地基土的等级划分以及它们的物理力学属性各异,桩的大小和安装手段也各有差异,这些因素都将对桩的承载能力产生影响。经常使用摩擦桩与柱桩两种桩的结构方法。

摩擦桩主要支撑力来自桩侧土壤的摩擦阻力,同时桩底的土壤抵抗力也能够承受部分垂直负荷。在规划的区域里,摩擦桩的摩擦阻力总是优先被桩周摩擦阻力所利用,而桩尖的阻力只占据了很小的比例。当桩的进入地层的深度达到某个极限时,其侧向阻力就无法继续随着深度的提升而上升,这就是所谓的临界深度。

3. 构造措施

(1)桩的构造、布置和中距

①钻孔桩设计直径(即钻头直径)不宜小于 80 cm。

②混凝土强度等级,对于钻孔桩不低于 C15,水下混凝土不应低于 C20;对于打入桩不低于 C25。

③钢筋混凝土沉桩的桩身应按运输、沉入和使用各阶段的内力要求配筋。桩的两端或接桩区箍筋及螺旋筋的间距需加密。

④新增的桩与原桩可对称布置。

⑤采用摩擦桩时,钻孔灌注桩中距不得小于成孔直径的 25 倍,打入桩在桩尖处的中距不得小于桩径(或边长)的 3~4 倍,且在承台底面处的中距均不得小于桩径(或边长)的 1.5 倍。

⑥采用柱桩时,桩基中距不宜小于桩径(或边长)的 2~2.5 倍。

⑦边桩外侧与承台边缘的距离,对于直径(或边长)不大于 1 m 的桩,不得小于 0.5 倍桩径(或边长)并不得小于 25 cm;对于直径(或边长)大于 1 m 的桩,不得小于 0.3 倍桩径并不得小于 50 cm。

(2)新旧混凝土承台的连接

当进行增加桩时,可以扩展现有的支撑结构尺寸,或在原有承台上添置一层新的支撑结构,从顶部输送的负荷能够通过新的支撑结构转移至新的支撑结构。为了能够高效地把墩体的顶部负载转移到新搭建的承台上,在新搭建的承台和原有承台的交界处,把原有的承台切割成锯齿状的剪力安置钎钉。利用插入的钢筋来负荷和分配扭矩与剪切力,进一步将新旧的混凝土结合在一起,达到增加原有支撑结构的规模的效果。要提升新旧混凝土的结合力,需要努力消除原有的承台上的蜂窝状或者空洞的瑕疵,并且要对新的承台底部的新型桩的顶端做出打磨,接着精确地灌入混凝土并均匀地覆盖在钢筋上。

4. 施工要点

(1)完成围堰施工及抽水。

(2)清理承台或系梁。

(3)逐根完成加桩施工。

(4)按照设计要求,在承台或系梁侧面钻孔,植入钢筋,并与新增承台或系梁钢筋绑扎。

(二)旋喷注浆加固技术

旋喷注浆加固法由于用途广泛,加固地基的质量可靠而且效果好,目前已逐渐成为我国常用的地基处理方法之一。该法除在铁路、矿山、水电、市政工程、工业与民用建筑和国防等部门的地基加固工程中发挥卓越成效外,在公路工程特别是桥梁基础加固工程中,得到了实践应用,获得了显著的经济技术效果。

旋喷注浆加固法是利用地质钻机,将旋喷注浆管置于预计的地基加固深度,借助注浆管的旋转和提升运动,用一定的压力从喷嘴中喷射液流,冲击土体,把土和浆液搅拌成混合体,随后凝聚固结,形成一种新的有一定强度的人工地基。

1. 工艺类型

旋喷注浆加固法的工艺类型有单管旋喷注浆法、二重管旋喷注浆法和三重管旋喷注浆法。

(1)单管旋喷注浆法:注浆管钻进一定深度后,由高压水泥浆泵等高压发生装置以一定的压力将浆液从喷嘴中喷射出去,在冲击破坏土体的同时使浆液与土搅拌混合,在土中形成圆柱状的固结体。

（2）二重管旋喷注浆法:使用双通道的二重注浆管,当注浆管钻至预定深度后,通过双重喷嘴同时喷射出高压浆液和空气,用两种介质的喷射流冲击破坏土体。

（3）三重管旋喷注浆法:分别使用输送水、气、浆三种介质的三重注浆管,由此可在土中凝固出直径较大的圆柱状固结体。

2. 设计要点

在使用旋喷注浆加固技术对桥梁墩台基础进行加固时,必须确保地基能够承受建筑物的全部重量。因此被强化的桥梁建筑物没有遭受新的负载,那旋喷固化体在最初阶段基本上是不受力的。随着时间的流逝,在原有地层的稳定压力影响下,土体会发生微小的变化或滑动,导致原本土壤所承受的一部分压力被转移到更加坚硬的旋喷固化物上。然而这种转移并不显著。在建筑物需要承受额外的负荷时,旋喷固结体才会被使用。旋喷注浆法对地基进行强化后,其显著的特性是:固化物和原始土壤层一起承受压力。相对于原始的地表,固化物的形状改变的程度要高得多。当土体的承载能力超过其最大承载能力,通常会导致其处于运行状态,关于旋喷注浆强化的设计重点有以下几个方面。

在开始强化工作之前,需要对现存的墩台基础的负荷性能进行测试。对于墩台基础的强化有两种主要方式,一种可能的状态是在进行建造或应用时,建筑的地基会发生显著的平衡性或者非平衡性的下降,这对于桥梁的稳定性造成了潜在的危害。尽管目前的使用情况非常理想,但由于桥梁需要承受更多的负荷,因此地基的承载能力无法满足未来的发展需求。在两种状态中,计算现存地基的最大负荷能力的手段各异。在对存在问题的桥梁基础进行强化之前,不仅要收集与工程设计相关的全部信息,也要研究并了解该工程的疾病历史以及当前情况。依据地基技术的产生和进展,计算出当前地基的承重能力。对于目前没有病害,仅为提高荷载等级而需要加固的地基,地基承载力有两种确定方法。一种是依据地质钻探或土工试验所给出的土体极限强度进行计算。另一种是依据《公路桥涵地基与基础设计规范》(JTG 3363—2019)提出的"多年压实未遭破坏的非岩石旧桥基"允许承载力提高(提高系数为 1.25~1.5)的方法确定。

3. 施工要点

(1)施工流程

旋喷注浆施工流程可概括为钻机就位、钻孔、插管、旋喷作业、冲浇等。

(2)方法选择

高压喷射注浆设备可根据工程具体情况和机具条件选用,加固时可选用以下方法。

①单管旋喷注浆法:单独喷射水泥浆液,桩径可达 0.3~0.8 m。

②二重管旋喷注浆法:同轴喷射水泥浆液和压缩空气,桩径可达 1 m。

③三重管旋喷注浆法:同轴喷射高压水和压缩空气,并注入水泥浆液,桩径可达 1~1.5 m。

(3)操作要点

在开始施工之前,应根据现场的环境和地下设施的位置等因素,对旋喷注浆的设计孔位进行复核。当使用三重管旋喷注浆法进行操作,应确保高压水射流的压力超过 20 MPa。同样,在使用三重管旋喷注浆法的情况下,低压水泥浆的液体压力应超过 1 MPa,而气体的压力应设定为 0.7 MPa,并且,提升的速率应在 0.1~0.25 m/min 之间。水泥是旋喷注浆法的核心材质。在没有特别需求的项目中,32.5 级或 42.5 级的常规硅酸盐水泥是理想的选择。根据需要添加适当的速凝、悬浮或防冻等成分到混合物中,而具体的添加量和混合物的数目应该通过实验。按照工程需求水泥浆液的水灰比应被设定在 1~1.5 之间,一般来说比例是 1。在开始使用水泥之前,有必要对其进行质量评估。

在搅拌混合水泥时,使用的水必须遵守相关标准,钻头和高压注浆泵之间的间隔也不能太长。对于打洞的位置,它与预定位置的偏移量应该不超过 50 mm。对于那些与工程地质报告存在差异的真实孔洞位置、深度和每个钻孔中的地面阻挡物等数据,必须进行详细的记录备注。当注浆管渗透至地下,同时喷射器已经升至设定的高度,可以启动注浆作业。一旦注浆参数设置为预设值,立刻进行旋转、抬高注浆管,并从底部向顶部进行注浆。对于注浆管的分段提升,其连接的长度必须达到 100 mm 以上。针对那些需要增强和拓宽其覆盖面积或者增强其硬度的项目实行重新喷涂的方法。当发生像是压力突然减少、增加或者大规模的浆液溢出这样的异常状态,需要准确地记录下所有的喷射参数,同时找到问题的根源,并立即进行相关的处理。在高压注浆工作结束后必须立即移除注浆管。以防止旋喷过程中地基出现额外的形变和地基与基础的空洞,这可能会对已经进行加固的项目和周边的建筑产生不良影响。此外需要对建筑物的下沉情况进行监控。

4. 质量检验

旋喷注浆加固的质量检验可采用开挖检查、钻孔取芯、标准灌入、载荷试验或压水试验等方法进行。

（1）检验点布置部位：①荷载大的部位；②中心线上；③施工中出现异常情况的部位；④地质情况复杂的部位。

（2）检验点数量：为施工注浆孔数的 2%～5%，对不足 20 孔的工程，至少应检验 2 个点。

（3）检验时间：质量检验应在旋喷注浆结束 4 周后进行，不合格的应进行部分补喷。

（4）检验内容：①桩体平均直径；②桩体垂直度；③桩身中心允许偏差（设计桩径的 1/5）；④均匀性。

5. 应用实例及特点

旋喷注浆加固桥梁墩台基础已得到一定的应用，如湖南怀化铁路机车行走线公路立交跨线桥、四川大渡河公路桥、阜淮线戴家湖铁路桥等工程，均取得了良好的加固效果。

怀化铁路机车行走线公路立交跨线桥为 U 形桥台，桥台高 98 m。1978 年年底建成并架设主梁、铺设桥面。1979 年 8 月进行台背填土。当填土达 3 m 时，发现北台严重下沉，台后左角下沉 112 mm，右角下沉 106 mm。桥台后倾。桥面伸缩缝增大，影响结构正常使用。加固时采用旋喷法，根据计算用 20 根旋喷直径达 46 cm 的旋喷桩柱。该桥台自 1981 年 6 月完工后通车，一直未有下沉现象，使用正常。

阜淮线戴家湖铁路桥两桥台为扩大基础，自 1980 年建成后，尚未架梁即发生较大下沉和位移，加固时南桥台采用 40 根长 8.3 m 的旋喷桩，北桥台采用 38 根长 7.5 m 的旋喷桩，桩的设计直径均为 50 cm。加固后仅 10 d 便进行架梁，投入使用后均未见下沉现象。通过实际工程应用，旋喷注浆加固法的主要特点总结如下。

（1）适用范围广。通过高压喷射流，旋喷注浆加固技术可以直接破坏已经加固的土壤，进一步提高固化物的质量。这个技术的适用范围非常广泛，它既能在项目启动之前使用，也能在项目进行过程中使用，甚至在项目结束后进行强化。

（2）施工简便。在进行旋喷施工的过程中需要在土壤中打孔，就能够在土壤内部喷射出直径为 0.4~2.0 m 的固结体。

（3）固结体形状可控制。为了达到项目的需求可以在旋喷过程中调整旋转和提升的速度，或者调整喷射压力或者更改喷嘴的孔径来改变流量，从而使得固结体达到设计的形状。

（4）可确保固结体的强度。采用不同的浆液，可获得所需的固结体强度。

（5）有较好的耐久性。对于普通的脆弱地基的加固，与其他方法相对，旋喷注浆加固法的加固框架及应用领域各异，尽管加固成效无法统一评估，然而根据所采取的浆体特性，可以获取稳健的加固成果，且具备良好的持久力。

（6）材料来源广、价格较低廉。主要由水泥构成的喷射浆液，其次是化学物质。在需要快速凝固和提前加固的情况下，通常的地基建设会选择来自多个供应商且成本相对较低的 32.5 级或 42.5 级的常规硅酸盐水泥。另外，也能够将适当的粉煤灰添加到水泥里，不仅能够有效地使用废弃物，同时也能减少注浆所需的费用。

（7）设备简单、管理方便。所有的旋喷设备都是特定的产品或专门设计制造的，它们的设计紧凑、尺寸小巧、灵活性高，且占用的空间较少，适合在狭窄且低矮的环境中进行施工，而且施工管理也相对简单。

在进行旋喷操作时，能够通过测定喷出的压力、吸收的浆液以及冒出的浆液的状态，从而间接掌握旋喷的成效以及所面临的挑战,并据此来修正旋喷的参数或者更新生产流程,以确保最终的固化品质。

(三)桥台加固方法

桥台加固的方法比较多,主要有减轻荷载加固、加柱(桩)加固、台身加厚加固、增加支撑梁加固等,具体如下。

1. 减轻荷载加固

台背土压力大,桥台产生向桥孔方向的位移时可采用此加固法。挖出台背填土后,改换轻质材料回填,减轻桥台台背的负荷,以使桥台稳定。

2. 加柱(桩)加固

竖向承载力不足时可采用此法。一般可在台前增加一排桩,并浇筑盖梁,以分担上部结构传来的力。打桩或钻孔桩时可利用原桥面作为脚手架,在桥面开洞、插桩。盖梁可单独受力,也可连接旧盖梁、旧桩共同受力。

3. 台身加厚加固

梁桥台背土压力过大,台身强度不足,桥台向桥孔方向位移时可采用此法。可挖去台背填土,加厚台身(桥台胸墙),施工时注意新旧混凝土应结合牢固。

4. 增加支撑梁加固

该法主要应用于单跨的小跨径桥梁。可在两桥台基础之间建造支承过梁,以防桥台向跨中位移。如采用钢筋混凝土支撑梁或浆砌片石撑板加固,支撑不高于河床。

5. 挡墙支撑杆或挡块加固

该方法适用于因桥台尺寸不足,难以承受台背土压力而向桥孔方向倾斜或滑移的埋置式桥台。可采用挡墙、支撑杆或挡块等形式进行加固。临时抢修亦可用土袋使桥台稳定。

6. 更换台后填土并加便梁加固

为减轻桥台水平压力,需用具有大内摩擦角的大颗粒土壤或干砌片石、砖石等更换桥台后面的填土,同时在台后架设便梁。

(四)墩台加固方法

1. 箍套加固法

当桥墩、桥台等下部结构承载力不足、施工质量不好、水流冲刷磨损、风化剥落、排水不良,以及受其他因素如地震、火灾、船舶和漂浮物撞击等影响,产生损坏、变形、侧移及鼓肚等各种病害时,可以对有缺陷的桥墩、桥台等采取外围浇筑一层钢筋混凝土箍套,或粘贴碳纤维布、芳纶纤维布的方法进行加固补强,其中以钢筋混凝土箍套最为常用。原则上,钢筋混凝土箍套厚度不宜小于 15 mm,并注意通过植入钢筋、布设化学锚栓与原结构形成整体。常用的钢筋混凝土箍套加固流程如下。

(1)在桥墩、桥台或桩基上按一定间距钻孔。

(2)在桥墩、桥台或桩基上植筋或布设化学锚栓。

(3)布设钢筋网。

(4)布设模板、现浇混凝土,对桥墩、桥台形成套箍,或采用喷射混凝土法施工。

对于水中桩基采用钢筋混凝土箍套法加固时,需布置组合式套筒并逐节下沉后再布设钢筋网、浇筑混凝土,其施工工序、工艺比较复杂,可参见有关规范和标准。

2. 预应力拉杆加固法

在桥墩还没有完全稳定,并且桥墩和拱顶的侧壁等建筑部分已经发生改动的情况下,能够通过安装拉杆或者锚索来实施调节和强化。拉杆的制作方法包括预应力索和粗钢筋,同时预应力混凝土构件也还是一种选择。以下是其加固的关键点。

(1)计算出必须施加的垂直压力的强度。只有稳定力矩与倾覆力的相对数值保持一致,才能保证基底应力的均衡,从而确定预期施加的水平的强度。

(2)依据水平力的强度,进行立柱、拉索和地锚梁的规划和建设。

(3)对于桥台的后墙,需要进行全面的人为拆卸,然后进行混凝土地锚链的建设。

(4)安装立柱、拉索、拉杆。

(5)分层拉动拉杆和拉索,同时增强对其的观察。

3. 桥台帽梁拓宽方法

一些特定的场合,必须扩大老式的桥梁,随着上层建筑的扩展,下沉建筑的桥梁和桥台等也应相应增大。在已经安装桥墩或帽梁的基础上,通常会选择长帽梁(墩台帽)的方式,同样根据需要还能添加额外的底层结构,以下是接长帽梁法的关键点。

(1)移走或部分移除原上部结构。

(2)将旧的帽梁连接部位的混凝土打磨光滑,同时移除原有的帽梁阻碍物,以此让新旧混凝土的联结部分变得更加平滑,让主要的承重钢筋暴露出,然后进行植入,在新旧混凝土的联结部分建立起剪切联结键,最后通过焊接或者拼装的手段来安装钢筋网。

(3)当连接的区域很广时,必须在顶部的横梁的左右两边安装预应力钢筋。此时,帽梁接长部位需要加强钢筋网的密度,并配备螺旋钢筋网和钢板等预埋件。

(4)将支撑模具的一端灌注上连续的混凝土,以构建一个完整的结构并进行后续的附加步骤。

4. 桥墩加高方法

在桥墩下沉严重对桥下空间造成影响,对桥梁正常安全运营构成严重威胁时,在旧桥的设计高度和桥下空间无法满足新的使用需求时,可以选择增加桥墩的高度以满足使用需求。当前的科技环境中,大多数的桥梁墩的增高是通过无须拆卸底层建筑、直接进行提升的建设手段。对于桥墩的提升和增高,这个过程相当繁琐,不仅能够提升梁体和增大桥墩(帽梁),还能在切割桥墩之后进行提升,然后把桥墩完全建造起来,具体的提升数额取决于所需的提升数值。无论选择何种策略必须建立在精确的数值分析之上,实施全局性和深度的规划,使用专门的提升装置并执行精心的建筑和检查手段。

参 考 文 献

［1］孙喆.桥梁施工中裂缝问题的预防策略探讨［J］.四川建材,
  2023,49(07):146-148.

［2］倪卫华.道路桥梁施工中的裂缝成因及预防措施［J］.城市建设
  理论研究(电子版),2023(15):125-127.

［3］王祥山.高速公路工程中的既有桥梁拼宽施工工艺［J］.交通世
  界,2023(14):175-177.

［4］罗学睿.高速公路拼宽桥梁设计对桥梁整体受力性能与不均匀
  沉降的影响［J］.工程技术研究,2023,8(05):183-185.

［5］史承俊.农村公路危桥改造工程实施意义的研究［J］.运输经理
  世界,2023(05):116-118.

［6］吴志强.桥梁拼宽设计案例分析［J］.四川水泥,2023(02):187-
  188+192.

［7］王阳,殷立辉,朱博文,等.既有桥梁承载能力确定性分析［J］.
  低温建筑技术,2022,44(11):61-64.

［8］王宇.危桥改造工程中碳纤维板加固施工工艺研究［J］.低温建
  筑技术,2022,44(11):148-151.

［9］李秀金,沈红军,荆伟伟,等.钢混组合结构桥在危桥快速改造
  中的应用［J］.中国水运,2022(10):148-150.

［10］贾卫东,王晓强,邢世玲,等.桥梁拼宽工程中补偿收缩钢纤维
  混凝土的应用研究［J］.现代交通技术,2022,19(04):30-33.

[11]余敏.桥梁承载能力加固合理安全储备研究[J].科技创新与应用,2022,12(20):65-68

[12]王成伟.危桥下部结构加固方法解析[J].居业,2022(05):28-30.

[13]高鹏.公路桥梁养护管理与危桥改造技术要点[J].科技与创新,2022(08):101-103+107.

[14]郑世伦,梁旭之,刘斌,等.混凝土切割技术在危桥改造中的应用[J].交通建设与管理,2022(01):70-73.

[15]施萍.公路桥梁养护管理及危桥加固改造技术探析[J].交通世界,2021(26):131-132+134.

[16]姜红.工字钢-混凝土组合梁在危桥改造中的应用[J].工程建设与设计,2021(16):134-136+148.

[17]钟海宏.桥梁承载能力评定分析[J].工程技术研究,2021,6(14):52-53.

[18]段润锋.浅析危桥修复施工技术[J].江西建材,2021(06):123-124+126.

[19]官方.加固技术在农村公路危桥改造中的应用研究[J].黑龙江交通科技,2021,44(06):100-101.

[20]乔奋义.城市危桥加固改造措施研究[J].工程技术研究,2021,6(08):167-169+247.

[21]李日伙.超高性能混凝土预制梁在危桥改造中的应用[J].工程技术研究,2021,6(07):151-153.

[22]叶植生.危桥改造施工管理的影响因素及处理措施研究[J].运输经理世界,2021(08):87-88.

[23]刘文远.危桥混凝土墩柱外包钢板技术分析[J].运输经理世界,2021(03):79-80.

［24］吴少文. 危桥改造建设中的质量控制措施［J］. 居舍,2020（36）:127-128.

［25］王彩虹. 公路桥梁养护管理及危桥加固改造技术分析［J］. 运输经理世界,2020(17):102-103.

［26］张小江,乔可帅,刘志东. 关于提升我国公路危桥改造管理模式和效率的思考［J］. 公路交通科技(应用技术版),2020,16(09):276-278.

［27］李娟,刘志菊. 关于拆除或改造危桥及废弃桥的建议［J］. 团结,2020(04):56.

［28］程凯. 危桥加固改造工程质量安全管理研究［J］. 湖北农机化,2020(01):164.

［29］黄微波,李晶,高金岗. 混凝土结构裂缝修复技术研究进展［J］. 工业建筑,2014,44(S1):934-937.

［30］秦权. 云南提升桥梁安全指数［J］. 中国公路,2013(08):122.